KB036735

생물문화다양성과 전통생태지식
금강하구의 생물문화적 접근

생물문화다양성과 전통생태지식

금강하구의 생물문화적 접근

김억수, 여형범, 주용기

충남연구원 현장 총서   005

Biocultural Diversi
Traditional Ecolog

그물코

차 례

자연과 문화, 그 경계를 넘어서

이재영

공주대학교 환경교육과 교수, 국가환경교육센터장

환경교육 연구자로서 그리고 서천군민이자 금강변 사람으로서 오랫동안 기다리던 책이 마침내 나와 너무도 반갑다. 제목은 "생물문화다양성과 전통생태지식: 금강 하구의 생물문화적 접근"이다. 제목에서도 알 수 있듯이, 이 책이 다루고 있는 핵심적인 개념은 생물문화다양성과 전통생태지식이다. 이 두 개념은 환경이나 환경교육에 대해 관심이 있는 사람들에게도 아직 생소하고, 이 개념을 특정한 지역에 적용한 구체적인 사례는 많지 않은 실정이다. 중고등학교 교과서는 물론 대학 교재에도 거의 등장하지 않는다. 그러나 장담하건대, 앞으로 10년 안에 이 두 개의 개념은 모든 학문 분야가 자신의 집을 지을 때 빠뜨릴 수 없는 주춧돌이 될 것이다.

내가 그렇게 생각하는 근거를 하나만 제시하겠다. 다음 그래프는 생물문화다양성과 전통생태지식이라는 용어가 전 세계적으로 언제

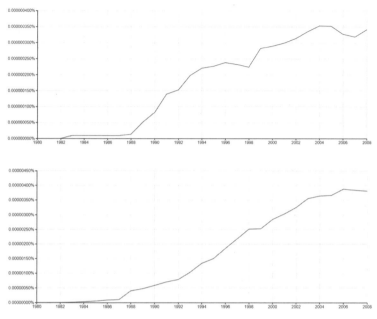

1980년 이후 생물문화다양성(위)과 전통생태지식(아래) 출현 빈도(구글 ngram 검색)

부터 주로 사용되기 시작했고 지난 30년 동안 빈도가 어떻게 변화해 오고 있는지를 보여준다. 우리는 이 그래프를 통해 최소한 두 가지 사실을 알 수 있다. 첫째, 생태계와 사회체계를 아우르는 통합적인 학문들이 주로 1980년대 후반이 되어서야 비로소 등장하기 시작했고, 1992년 리우 회의를 거치면서 급속하게 늘어나기 시작했다. 둘째, 이러한 통합적 이론과 개념이 사용되는 빈도가 지난 30년 동안 꾸준하게 증가해 왔고 앞으로도 그럴 것으로 추정된다.

나는 이 책의 저자들에게 두 가지 공통점이 있다는 점을 발견했다. 하나는 말과 글을 넘어 직접 발로 뛰면서 금강 지역의 구석구석을 체험하고 조사하며 그 지역에서 오랫동안 살아온 많은 사람들을 만나 이야기를 들었다. 또 하나의 특징은 자연과 문화의 경계를 넘고, 생태계와 사회체계 사이에 가로놓인 장벽을 뚫고 이 세계를 하나의 통합적인 시스템으로 읽어내기 위해 분투해 왔다. 앞으로 지방의 대학들이 어떤 주제에 대해 어떤 방식으로 연구하고, 지역 사회에 어떻게 기여해야 하는지 분명한 메시지를 전달하고 있다고 생각한다.

표준어와 영어가 전 세계의 언어다양성을 파괴하고 있는 상황에서, 생물다양성과 문화다양성을 연결하는 매개로서 언어다양성의 중요성을 읽어내고, 여든이 넘은 노인들이 사용하는 지역 사투리(토착어) 속에서 지역의 전통생태지식을 찾아내기 위해 그동안 쏟아온 노력에 경의와 찬사를 보내고 싶다.

어떤 지역의 공동체가 그 지역의 생태계와 맺어온 시간의 흔적들은 그 지역의 자연과 문화에 고스란히 화석처럼 남아 있기 마련이다. 금강은 어떠한가? 금강과 그 주변에는 일제 강점기의 상처, 급속한 도시화와 농어촌의 소멸, 산업화와 수출 위주 정책을 추진하는 과정에서 일어났던 수많은 사건들이 때로는 문신처럼, 때로는 화상처럼, 때로는 훈장처럼 새겨져 있다.

나는 최소한 금강 주변과 충청남도에 살고 있는 청소년들이 어른이 되기 전에 꼭 한번 이 책을 읽어보기를 권하고 싶다. 학교와 지역사회가 점점 더 멀어지고 있는 상황에서, 아이들은 자기가 태어나서 자란 지역의 생태, 문화, 역사, 인물, 경제에 대해서 별로 아는 것이 없고, 이런 무지는 지역에 대한 무관심, 폄훼, 그리고 애정결핍으로 이어지곤 한다.

기후위기와 환경재난이 심각해지고, 사회경제적 양극화와 지방소멸이 가속화되고 있는 오늘날, 우리 자신과 미래 세대들이 지속가능하고 좋은 삶을 이어가기 위해 필요한 것은 무엇인가? 우리는 어디에서 새로운 걸음을 출발할 수 있을까? 나는 이 책이 그 대답의 일부를 들려주고 있다고 생각한다. 이 책이 좋은 모델이 되어 전국의 마을과 지역을 전통생태지식과 생물문화다양성의 관점에서 탐구하고 토론하며, 지속가능한 발전을 위한 각자의 길을 발견하고 이해하도록 돕는 책들이 계속 발간될 수 있기를 바란다.

금강하구에 가을 추수가 끝나면 논에 둥글게 말아 놓은 것들을 볼수 있다. 일명 '곤포 사일리지'이다. 농민들은 벼를 수확하자마자 곤포 사일리지를 만드는데 사료용으로 판매하기 위해서다. 우리나라 육식 위주의 식생활이 늘어나면서 나타난 현상이다.

볏짚에는 유기질과 규산이 풍부하기 때문에 수확 후 논에 놓아두면 지력이 상승해 벼 생육에 많은 도움이 된다. 그리고 겨울철 눈이 오고 기온이 급격히 떨어질 때, 겨울 철새는 볏짚 사이를 부리로 헤집으면서 낟알이나 곤충 등 먹이를 먹기 때문에 볏짚은 새들에게도 중요한 역할을 한다. 그러나 사료용으로 볏짚이 팔리면서 논이 사막화되고 화학 농법에 더욱 의존할 수밖에 없는 악순환이 계속된다. 그래서 '생물다양성관리계약'을 통해 농민들에게 값을 미리 치루고 볏짚을 존치시키는 제도를 시행하지만, 재정이 넉넉하지 않은 지자체가 면적을 확대하는 것도 한계가 있다.

우리나라에서 벼농사가 처음 시작된 시기는 정확하지 않으나 수천 년 전부터 벼농사가 본격적으로 시작된 이래 짚은 우리 삶에 깊숙이 들어와 자리를 잡았다. 각종 생활 도구에서 건축자재뿐만 아니라

질병이나 잡귀, 악운을 막는 대용물로 쓰이기도 했다.

우리가 기억하고 있는 볏짚에 대한 경험과 추억은 너무도 많다. 탈곡을 마친 볏짚은 볏단을 만들어 쌓아 두고 겨우내 여러 가지 용도로 이용했다. 아궁이를 지피거나 김칫독을 덮는 보온재로 쓰이기도 한다. 새끼나 가마니, 삼태기, 멍석, 망태 등을 만들어 이듬해를 준비하거나 시장에 내다 판다. 메주를 뜰 때 집집마다 처마에 짚으로 메주를 묶어 매달아 놓았다. 어렴풋한 기억이지만 마을 어른들이 모여 초가집을 짓는데, 황토흙에 볏짚을 썰어 흙벽돌을 만들고 지붕에 이엉을 이던 기억도 있다. 집에 소가 한 마리 있었는데, 그때는 지금과 달리 소가 식구나 다름없었다. 작두로 썰은 여물에 등겨, 콩깍지 등을 얹고 뜨거운 물을 부어 소죽을 만들었다.

동무들과 뛰어놀던 기억도 많다. 논에 집 모양으로 높게 쌓아 놓은 볏짚 사이를 건너뛰면서 놀기도 하고, 나만의 공간을 만들다 쌓아 놓은 짚을 무너뜨려 혼이 나기도 했다. 음력 정월 쥐불놀이를 하는데 짚을 세워 불을 놓고 뛰어넘기도 하고 옷이나 눈썹을 태운 적도 많다. 그러나 볏짚을 매개로 오랜 시간 형성된 다양한 문화는 산업화와 도시화 과정에서 점차 설 자리를 잃었고, 관련된 언어와 전통생태지식도 사라졌거나 사라지고 있다.

우리나라는 1970년대 석유에 의존하는 녹색혁명을 경험하면서 생활환경의 변화를 맞게 된다. 수천 년간 볏짚이 갖고 있던 다양한 역할을 하나둘씩 플라스틱에 내주기 시작한 것이다. 대량생산과 함께 강요된 플라스틱 문화는 지구의 자산을 고갈하고 생태계를 위협하며, 최근 불거진 미세플라스틱의 역습은 바다 생태계뿐만 아니라 인간의 건강과 삶 전반에 걸쳐 위험성을 경고하고 있다. 석유 · 화학에 대한 의존은 더 강력해지는 대신 자연순환의 연결고리는 점점 단절돼 가면서 우리 스스로 지속불가능한 길로 걸어가고 있다.

그럼, 과거로 돌아가자는 것인가. 물론 아니다. 그럴 수도 없는 노릇이다. 이 책의 목적은 '지속가능한 발전'에 대한 대안을 '생태문화 공동체'에서 찾아보자는 것이다. '미래 세대의 욕구를 충족시킬 수 있는 능력을 저해하지 않으면서 현재 세대의 욕구를 충족시킬 수 있는 발전'을 위해 현재 살고 있는 우리가 어디서 지혜와 소재를 얻어야 하는지 이론과 사례를 찾아보고자 하는 것이다. 그런 의미에서 생물문화다양성과 전통생태지식은 우리에게 현명한 길잡이 역할을 할 것이라고 단언한다.

지구상에 존재하는 모든 동식물과 미생물은 서로 그물망처럼 연결되어 지구 공동체를 유지해 왔다. 우리 인간도 그 시스템의 구성원으로서 수많은 생명체와 끊임없는 상호작용의 과정을 통해 문화를 형성해 왔다. 이 지속과 창발적 과정에서 형성된 문화는 언어를 통해 세대에서 세대로 전달되어 왔다. 전통생태지식은 오랜 시간 인간 공동체가 자연과 상호작용하면서 형성된 지식이라 할 수 있다. 이 지식은 문화적으로 진화하고, 우리의 관행과 신념을 만들어 내기도 한다.

그러나 생물문화다양성과 전통생태지식은 모두 생물의 다양함이라는 토대 위에서만 가능하다. 우리가 매일 겪고 있는 사라지는 생물종에 대한 소식은 멸종 목록에 이름을 올리는 단순한 문제가 아니다. 그 생물종과 오랫동안 상호작용하면서 형성된 인간의 문화, 언어, 전통생태지식도 함께 사라지는 것을 의미한다.

이 책의 핵심은 '조상의 발자취를 따라 미래로 걸어가는 방법'이라고 해도 무방하다. 아마 현재의 지역-지구 공동체가 지속불가능한 방향으로 가고 있다는데 부정할 사람은 없을 것이다. 지속가능한 사회는 생물-문화적으로 다양함이 유지되고, 그 다양함이 다음 사회로 전달되는 사회라 할 수 있다. 그래서 우리는 자연과 사람, 즉 생물-문화적 관계에 대한 이해를 필요로 한다. 그리고 이 관계에서 형성된 전통생태지식은 현재 교육 시스템이 가진 한계를 극복하는 데 도움을 주고, '지속가능발전교육'에 있어 좋은 소재가 될 것이다.

이 책은 4장으로 구성돼 있다. 1장은 생물다양성, 문화다양성, 언어다양성과 이들의 상호관계, 그리고 생물문화다양성과 전통생태지식에 대한 이론을 중심으로 기술하였다. 이 각각의 다양성은 따로 분리되어 존재하는 것이 아니라 서로 상호작용하면서 공진화한다. 우리나라에서 생물문화다양성에 대한 이론이나 연구는 부족하기 때문에 이론에서 부득이하게 외국 자료를 다수 인용했다. 그러나 이 점은 서구의 시각에 의해 세분화하여 연구되었다가 최근에서야 통합적 접근을 하고 있기 때문에 동양의 생태사상적 관점에서의 비교는 논외로 남겨두기로 한다.

2장에서는 금강하구의 사회경제가 어떻게 변화에 왔는지를 고찰했다. 서천군과 군산시는 금강하구에 대한 역사 · 문화 그리고 사회 · 경제적으로 공유하고 기억되는 공동의 자산이 있는 반면, 하구를 경계로 두 지역 사이에 갈등을 겪기도 하고, 아직 해결되지 않은 문제 또한 존재한다. 일제 강점기 이후 서천과 군산은 비슷한 역사적 경험을 했으면서도 개발압축 시대 이후에는 서로 다른 방향으로 삶을 이어가게 된다. 금강하구를 두고 공존과 갈등의 양면적 관계를 현명하게 해결하기 위해서는 서로에 대한 이해와 공감이 필요하다.

3장에서는 금강하구에서 터를 닦고 살아온 주민들이 기억하는 금강하구의 변화를 분석하고 정리하였다. 구체적으로 어업환경 변화, 금강하구 자연환경의 변화, 금강 포구들의 역할 변화, 어민들의 갈등과 경쟁 심화, 금강하굿둑 이외에 다른 개발사업으로 인한 영향, 금강하굿둑 해수유통에 대한 의견, 새만금 방조제 공사 완료로 인한 악영향 등으로 분류하고 분석을 하였으며, 이를 근거로 마지막에 '금강하구의 생태문화 복원을 위한 제언'을 제시하였다.

4장에서는 금강하구의 생물문화적 접근을 3장에서 진행된 주민면담 구술 조사 결과의 일부를 활용하여 분석했고, 추가 조사를 통해 최종적으로 정리했다. 또한 금강하구가 가진 생물문화적 가치와 변화, 그리고 지역의 '지속가능발전'과 '지속가능발전교육'에 대한 방향을 제시하였다. 금강하구의 철새 서식 상황에 대해서는 주용기 전임연구원이 정리하였다. 1990년 금강하굿둑이 건설된 이후 금강하구는 생물-문화적으로 많은 변화를 겪어 왔다. 황복, 참게, 웅어, 뱀장어 등 기수역을 이용하던 어종들이 사라졌거나 사라져 가고 있고, 이로 인해 금강하구의 생물문화다양성과 전통생태지식에 영향을 미쳤다. 생물문화적 접근은 생물종에서 '갈대'를 소재로 했고, 공동체 문화에 대해서는 '어살'을 소재로 했다. 두 마을에 걸쳐 있는 어살 문화는 풍부한 생물문화다양성과 전통생태지식을 찾아내는 데 훌륭한 매개이다. 아쉬운 점은 과거 서천 연안에 많은 수의 '어살'과 '독살'이 있었는데, 여건상 모두 조사하기에는 어려움이 있었고, 다음 과제로 남겨 놓기로 하였다.

금강하구를 생존의 터전으로 살아온 지역 주민들이 조사자들에게 자신들의 경험과 지식을 진술하고 성의 있게 들려주었기 때문에 이 책이 나올 수 있었음을 밝히면서 지역 주민들에게 감사의 말씀을 드린다. 지역 주민들이 많은 말씀을 들려주셨으나 지면의 한계와 저자들의 부족함으로 인해 충분히 담아내지 못한 점도 이해해 주시기를 바란다. 이 책이 사람들에게 금강하구의 생물문화다양성과 전통생태지식을 올바로 인식하게 하고, 금강하구의 생태 복원으로 이어져 지속가능한 사회로 전환하는 데 기여한다면 더할 나위 없이 기쁠 것이다.

2020년 7월
공동 저자 김억수, 여형범, 주용기

1장

왜
생물문화다양성인가?

김억수

왜 생물문화다양성인가?

> 우리 토착민은 조상의 발자취를 따라 미래로 걸어갑니다. (…)
> 우리 토착민은 자기 결정에 대한 고유한 권리를 주장합니다. 우
> 리는 우리 자신의 정부 형태를 결정하고, 우리 자신의 법을 사용
> 하고, 우리 아이들을 키우고 교육하며, 간섭 없는 우리 자신의
> 문화적 정체성에 대한 권리를 가졌습니다.
>
> Kari Oka 선언(1992)[1] 중에서

 인간은 자연과 분리되어 살 수 없다. 인류 역사가 시작된 이래로
인간은 자연과 끊임없이 상호작용을 하면서 생명을 유지해 왔다. 또
한 인간은 자신의 욕구를 충족하기 위해 자연으로부터 필요한 것을
얻고, 자연을 변형하고 이용하는 과정에서 문화를 형성해 왔다. 생명
의 다양함은 공동체와 지역, 국가마다 독특한 문화가 형성되는 토대
가 된 것이다. 그리고 생명의 토대 위에 형성된 문화의 다양함은 자
연과의 상호작용 과정에서 형성된 언어와 전통지식을 수단으로 세
대에서 세대로 전달되어 왔다.

---

1 1992년 6월 브라질에서 열린 지속가능발전 세계정상회의가 열리기 전 5월에 영토,
 환경, 개발에 대한 〈World Conference of Indigenous Peoples〉에서 「Kari Oka 선
 언」을 발표했다.

그러나 급격한 산업화 · 도시화 · 세계화, 그리고 급속한 인구증가 속도에 비례해 많은 생물종이 사라졌거나 사라져 가고 있다. 토지이용(식량, 바이오에너지, 사료 등), 기후변화, 환경오염, 산림훼손, 서식지 파괴 등은 지속적으로 지구의 생물다양성을 감소시켜 왔다.

OECD 환경전망 2050(2012)은 우리의 미래를 암울하게 한다. 좀 더 파괴적인 기후변화가 고착화되고, 물 부족은 더욱 심각해질 것이며, 대기오염과 유해 화학물질에 대한 노출로 건강과 질병에 대한 부담은 더욱 높아질 것으로 전망한다. 생물다양성의 손실은 지속될 것으로 보는데, 2010년부터 2050년까지 육상지역의 평균 종 풍부도(MSA)[2]는 전 세계적으로 약 10% 감소할 것으로 예측하고 있다. 특히 아시아, 유럽 및 남부 아프리카의 일부 지역에서 높은 손실을 기록할 것으로 전망하고 있다. 게다가 외래종 침입이나 산림화재, 자연자원 과다 채취 등은 반영되지 않은 것이어서 이를 반영할 경우 감소 수치는 더 높아질 것이다.

지역별로는 OECD 국가가 전체 감소분의 25%를 차지하고, BRICS(브라질 · 러시아 · 인도 · 중국 · 남아프리카공화국 등 신흥경제국) 국가가 36%, 그리고 나머지 국가가 39%를 차지한다고 발표했다. 그리고 개별 지역으로 생물다양성 감소가 가장 크게 일어나는 곳은 한국과 중국(36% 감소)이고, 유럽(24%), 남아프리카(20%), 인도네시아(17%) 순서다.

---

2 종 다양성은 종의 개체 규모를 의미한다. 종 다양성의 변화를 평가하는데 사용될 수 있는 두 가지 지표는 평균 종 풍부도(MSA)와 지구생명지수(LPI)이다. MSA는 1970~2010년까지 거의 11% 감소했고, LPI의 경우 1970~2012년 사이 58%나 감소했다고 발표했다.

해양생물계 지표(Marine Living Planet Index)에 따르면, 과도한 남획, 서식지 파괴, 해안개발, 오염, 기후변화 등으로 세계 해양생물다양성이 1970년에서 2007년 사이 24%나 감소했다고 한다(WWF, ZSL and GFN, 2010).

이제 인류는 지구적 수준, 국가적 수준, 지역적 수준에서 지속가능성을 걱정할 수밖에 없는 상황에 이르렀다. 1987년 우리 공동의 미래(Our Common Future)에서 말한 "미래 세대의 욕구를 충족시킬 수 있는 능력을 저해하지 않으면서 현재 세대의 욕구를 충족시키는 발전"이 현재의 수준에서 가능한지 다시 한번 살펴봐야 한다.

지구상에 존재하는 수백만 종의 식물과 동물, 그리고 미생물은 서로 연결되어 있고, 또 그들이 사는 생태계와도 연결되어 있다. 하나의 생물종이 사라지는 것은 단순히 멸종 동식물 리스트에 이름을 추가하는 것으로 끝나는 것이 아니다. 한 종이 사라지는 것은 다양성과 복잡성으로 연결된 생태계 그물망을 약하게 만드는 것뿐만 아니라 수천 년 동안 인간이 자연과의 상호작용 과정에서 형성된 언어, 문화, 전통생태지식도 함께 사라진다.

생태계라는 개념은 오늘날 '하나의 생태적 단위로 상호작용하는 생물체와 그 물리적 환경으로 이루어진 집단'이라고 정의된다(Lincoln et al, 1982). 인간은 생태계의 경계 밖에서 '권력자'로 존재하는 것이 아니라 생태계의 한 구성원으로 다른 생물종들과 공생하고 공존한다. 그리고 자연이 허락하는 범위 안에서 인간은 언어를 통해 문화를 형성하고 유지해 왔다.

지역의 관점에서 보면 '금강하구는 지속가능한가'라는 질문에 맞서게 된다. '지구적으로 생각하고, 지역적으로 행동하라'는 말처럼 지구적 담론만큼 중요한 것이 지역(Local)이고, 공동체(Community)다. 그동안 우리는 자연과 지역을 그물망으로 촘촘히 연결된 생태공동체로 이해하거나 지속가능성 측면에서 보지 못하고, 단편적이고 분석적인 시각으로 바라보았다. 성장과 개발의 이데올로기에 갇혀 생명체가 가진 생물문화적 가치를 무감각하게 받아들이거나 상호의존적 관계로 보지 않으면서 자연을 인간의 생존수단으로만 보고 있는 데서 벗어나지 못하고 있다.

지금 금강하구의 생물·문화적 현상과 과정을 보면 위기에 처해 있다. 현상으로 보이는 이 위기는 인식의 위기이기도 하다. 기수역(汽水域)의 단절은 생명의 다양성을 위협하고 있다. 생물 간의 관계를 끊고, 생태계의 유연함과 회복력을 약하게 하고 있다. 물질과 에너지의 순환 흐름을 막아버린 결과이다. 지금 필요한 것은 회복 불가능하기 전에 지역-국가-지구적 수준에서 인간과 자연의 관계를 이해하고 회복하려고 노력하는 것이다.

지역의 지속가능성 역시 자연과 인간과의 복잡한 관계를 이해하려는 노력으로부터 시작된다. 하나의 생물종이 인간과 공진화[3]하면서 형성된 생태계, 문화, 언어의 상호작용과 상호의존성에 대한 물질, 비물질적 이해와 성찰을 미래 세대에게 전수하는 것이 '그들의 욕구를 충족시킬 수 있는 능력'을 저해하지 않는 것이다.

생물문화다양성 연구는 인간과 자연의 복잡한 관계를 좀 더 구체적으로 이해하고 통합적으로 보는 기회를 제공한다. 그리고 생물다

---

3 얼릭과 레이븐(Ehrlich and Raven)이 처음 사용한 용어로, 둘 또는 그 이상의 유기체군들이 밀접한 생태적 관계를 맺고 있으나 유전정보 교환 없이(상호교배가 없는) 서로 주고받는 자연선택을 하는 것을 말한다.

양성의 보전과 문화적 활력을 유지하는데 기여할 것이다.

　금강하구에 대한 생물문화적 관점이 필요한 것은 지역주민들이 금강하구의 독특한 생태환경에 적응하면서 얻어진 도구와 기술, 지식, 그리고 세대에서 세대로 이어지는 발전과 전달과정을 문화적 맥락에서 이해할 수 있기 때문이다. 또한 자연과의 관계에서 형성된 신념, 가치관, 제도, 언어, 관습·관행이 어떻게 활력을 갖고 이어져 왔는지를 아는 것은 지역의 지속가능성 측면에서 해법을 찾는 데 도움을 줄 것이다. 자연으로부터 얻은 우리 삶의 다양함은 '조상의 발자취를 따라 미래로 가는 것'이다.

언어다양성

사람이라는 존재의 독특함은, 그 속에 우리 자신이 묻혀 있는,
언어적 연결망을 끊임없이 짤 수 있는 능력에 있다. 사람이 된다
는 것(to be human)은 언어 속에 존재함을 뜻한다. 우리는 언어
속에서 우리의 행동을 조정하고, 우리의 세계를 탄생시킨다.

– 프리초프 카프라

언어는 문화를 형성하는 중요한 요소이다. 인류의 문화는 언어와
함께 형성되면서 다음 세대로 이어져 왔다. 언어는 인간이 자연을 대
상화하고 이용하는 과정에서 인간의 지식체계를 형성하고, 추상적
인 세계를 공유할 수 있게 했다. '돌' 하나에도 수많은 이름이 붙여질
수 있고, 사물에 대한 지식뿐만 아니라 관념의 세계를 만들어 낼 수
있었다.

환경이 파괴되고 서식처가 사라지면서 많은 고유 생물종도 사라
지고 있다. 인간이 문화를 형성·유지할 수 있었던 것은 고유 생물종
과 함께한 지속의 과정이었다. 토착 고유생물들이 사라지면서 언어
의 소멸도 함께 진행되고 있고, 그 생물에 대해 인간이 전통적으로
알고 있던 지식도 함께 사라져 가고 있다.

Wurm(2001)은 인간문화의 유지·전달에 있어 언어의 역할과 중요성에 대해 "각 언어는 그 언어를 쓰는 공동체가 그들이 가진 문제들을 해결하고, 그들의 생각과 철학 체계를 형성하며, 또한 그를 둘러싼 세계를 이해하는 방식을 보여주는 독특한 세계관과 문화의 복합체를 반영한다. 이러한 점에서, 언어는 사람들의 무형문화유산을 표현하며, 침략적이고 강력한 다른 문화의 영향 아래에서 그 언어의 기초가 되는 문화가 쇠퇴 혹은 소멸된 이후에라도 얼마간은 이 문화를 반영한다. 이러한 언어가 사라지는 것은 그 어느 것으로도 대체할 수 없는 인간의 사고와 세계관에 관한 지식과 이해의 단위를 영원히 잃어버리는 것이다"라고 말한다.

생물다양성의 감소는 자연히 언어다양성의 감소로 이어진다. 하나의 생물종을 찾아내고, 구분하고, 이용하는 과정에서 언어가 사용되기 때문이다. 그리고 한 집단이나 사회가 사라진 생물종과 상호작용을 하면서 형성된 문화의 다양함 역시 사라지게 된다.

한 언어를 구성하는 것에 대한 정의에 따라 수치는 달라지지만, 현재 지구상에 약 6,000에서 7,000, 많게는 10,000여 종의 구술 언어가 있는 것으로 파악되고 있고, 이 중 80~85%는 토착민이 사용하고 있다(UNESCO, 2005). 그러나 1970년대 이후 20%의 언어가 사라졌다. Lewis의 연구는 위기에 처한 언어의 단면을 보여주는데, 전 세계 인구의 95퍼센트가 400개의 언어를 사용하고 있지만, 0.1퍼센트 인구는 3,500개의 언어를 사용하고 있다(Lewis et al. 2013).

유네스코(2005)는 전 세계 언어의 절반 정도가 어느 정도 위험에 처해 있다고 추정한다. 어떤 학자들은 현존하는 90퍼센트 정도의 구술 언어가 이번 세기가 끝날 무렵에 소멸되거나 거의 소멸될 것으로

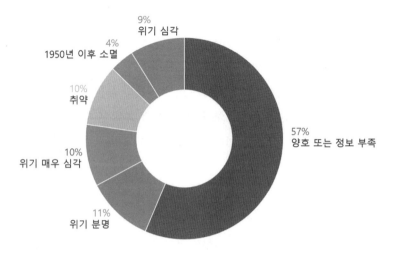

9%
위기 심각

4%
1950년 이후 소멸

10%
취약

10%
위기 매우 심각

11%
위기 분명

57%
양호 또는 정보 부족

세계의 언어 소멸 위기 수준 (출처: 제4차 지구생물다양성 전망)

예측한다. 「위기에 처한 세계의 언어 지도」에 따르면 세대 간 전수 정도에 기초하여 볼 때 43퍼센트 이상의 언어가 소멸 위기에 처해 있다고 한다.

더욱 심각한 것은 위기에 처한 언어가 녹취되거나 기술되지 못하고 있다는 것이다. 만약 이 언어들이 더 이상 사용되지 않는다면 이는 그 공동체의 구성원뿐만 아니라 인류에 커다란 손실이 될 것이다. 언어와 더불어 공동체가 갖고 있던 지식과 믿음, 가치의 많은 부분도 사라지거나 축소돼 보다 지배적인 언어와 문화로 대체될 수 있다. 언어는 인간의 생각과 삶의 방식의 표현이다. 그렇기 때문에 언어의 위기는 인권이 거부되는 것과 관련이 있다.

자연이 항상 변하는 것처럼 인간의 언어와 문화 역시 변화한다. 이 변화는 서서히 적응의 과정을 거쳐 다음 세대로 전달된다. 그러나 메이저 문화는 언어다양성 감소에 위협적이다. 현재의 사회 · 경제 시스템은 언어와 문화가 적응할 수 없을 정도로 가열되면서 우리는 메이저 문화의 강요를 받는다. 다양한 토착어가 있음에도 사회 · 경제 · 정치적 압력에 의해 위협을 받고, 주민들의 삶을 지속불가능한 길로 안내할 것이다. 뮬러(1995)는 메이저 문화와 언어에 대해 다음과 같이 말하는데, 이 말에 귀를 기울일 필요가 있다.

> 메이저 문화에 대한 집중은 점점 더 많은 사람을 문화의 사각지대에 마주칠 가능성이 높기 때문에 더 신뢰할 수 있는 지식이 유발되도록 많은 이해의 자원을 모아야 하고, 이러한 접근은 다양한 언어를 통해 가장 잘 얻을 수 있다.

Meya(2006)는 위기에 처한 언어, 그리고 인간이 문화를 형성, 유지하는 데 있어 언어의 역할을 설명한다. 또한 언어다양성의 감소가 토착민의 기본적인 인권과 관련이 있음을 강조한다.

> 건강한 행성이 생물다양성을 필요로 하는 것과 같은 방식으로 건강한 문화 세계는 언어 다양성을 필요로 합니다. 또한 언어는 실제로 사람과 문화를 묶는 정교한 현상입니다. 언어 상실은 인간의 기본적인 권리, 즉 사람들의 삶, 그리고 삶의 방식을 표현하는 것을 위협합니다. 각 언어는 해당 언어로 표현될 수 있는 생각과 관련이 있습니다. 따라서, 토착 공동체가 언어로 기도, 노래 또는 이야기를 더 이상 할 수 없을 때 기본적인 인권이 거부됩니다. 불행히도, 특정 언어를 금지하고 토지, 경제 및 종교와 같

은 언어 지원체계를 간접적으로 공격하여 언어에 대한 권리는 수백 년 동안 심각하게 학대당해 왔습니다.

또한, 언어다양성은 인간이 자연과의 상호작용 과정에서 적응력을 높이는 것과 관계가 있다. 인간은 생존의 과정에서 언어를 통해 동식물에 대한 생태 정보와 지식, 농경과 어업, 자연자산의 관리, 그리고 영적, 종교적 신념에 이르기까지 다양한 지식을 축적하면서 자연환경에 적응해 왔다. 그래서 Bernard(1992)가 말했듯이 언어다양성이 감소하는 것은 우리가 얻을 수 있는 지식의 풀(Pool)을 저하시키기 때문에 우리 인간의 적응력을 감소시킨다고 말한다.

우리가 언어와 문화에 대한 정체성을 잃어버린다면 자연에 대한 이해와 존중, 그리고 자연과 공감하는 사회적 과정의 기회가 사라지게 될 것이다. 언어다양성을 유지·보전하는 것은 인간의 사상을 형성하고, 추상적 세계를 공유하는 것뿐만 아니라 지역민의 정체성과 인권, 자연에 대한 적응력, 다음 세대로의 지식의 전달 등 우리의 삶을 풍요롭고 다양하게 하는 데 필수적이다.

생물-문화-언어다양성의 관계

생물다양성과 문화다양성, 그리고 언어다양성은 세계기구를 중심으로 많은 논의가 되고 있다. 이 다양성들 간의 상호작용에 대해 지역-국가-지구적 수준에서 생물-문화적 관계, 생태계서비스, 전통생태지식, 그리고 지속가능성 등 다양한 측면에서 접근하고 있다. 안타깝지만 우리나라는 아직까지 생물-문화-언어다양성의 관계와 이들이 어떤 메카니즘으로 작동하는지에 대한 연구나 논의가 아직은 미흡하다.

1992년 브라질 리우에서 열린 유엔환경개발회의(UNCED)에서 생물다양성협약(CBD: Convention on Biological Diversity)[1]이 채택됐다. 이 협약은 생물다양성의 보전, 생물자원의 지속가능한 이용, 생물자원의 이용에 의해 얻어지는 이익을 공정하고 공평하게 공유하는 것을 목적으로 채택됐다.

---

1 생물다양성협약의 주요성과로 2000년 특별총회에서 유전자변형생물체(LMO: Living Modified Organism)의 국가 간 이동을 규제하는 〈바이오 안전성에 관한 카르타헤나 의정서〉와 2010년 제10차 당사국총회에서 〈유전자 접근 및 이익공유에 관한 나고야의정서〉, 그리고 〈2011~2020 아이치 목표〉를 채택했다.

생물다양성은 "육상·해상 및 그 밖의 수중 생태계와 이들 생태계가 부분을 이루는 복합생태계(ecological complexes) 등 모든 분야의 생물체 간의 변이성(variation)을 말하며, 이는 종 내의 다양성, 종 간의 다양성, 그리고 생태계의 다양성을 포함한다"라고 정의한다(UNEP CBD, 1992).

　최근 생물다양성과 문화다양성 간의 존중과 통합이 지속가능한 발전에 있어 중요함을 인식하고, 이 다양성 사이의 상호관계를 설명하려는 연구는 유네스코(UNESCO), 유엔환경계획(UNEP), 국제자연보전연맹(IUCN) 등 국제기구를 중심으로 진행되고 있다.

　UNEP GEO-3(2002) 보고서는 생물다양성의 전례 없는 변화 속도의 원인으로 토지 전환, 기후변화, 지속 불가능한 천연자원 채취와 오염, 외래종 도입 등으로 보고 있다. 궁극적으로 생물다양성 감소는 우리의 지속 불가능한 소비 패턴, 폐기물 및 오염 물질의 증가, 도시화, 분쟁, 불평등한 자원 분배 등 우리 삶의 형태와 연관될 수밖에 없다. 그래서 UNEP GEO-4(2007) 보고서는 생물다양성 개념에서 "생물다양성은 생물다양성과 동일한 요인에 의해 영향을 받는 인간 문화다양성(Human Cutural Diversity)을 포함하며 그 자체는 유전자, 종, 생태계의 다양성에 영향을 미친다"라고 정의한다.

　Harmon과 그의 동료들(2005)은 생물다양성의 번영은 생태계(생명 유기체와 그들 환경의 상호작용 때문에 형성되는 시스템)의 건강한 기능과 생명 유지에 필요한 서비스를 제공하는 생태계의 능력에 매우 중요하다고 주장한다. 그리고 이러한 '생태계 서비스'로는 식량, 섬유, 연료를 위한 생물학적 재료뿐만 아니라 토양 영양분의 재순환, 공기 정화, 담수 제공 등이 있으며, 인간 생명을 비롯하여 모든 생명은 이러한 서비스에 의존한다고 말한다.

> 생물다양성 및 생태계는 사람들과 자연환경에 소중하지만 대개
> 가치가 매겨지지 않은 서비스들을 제공하고 있다. 예를 들어, 세
> 계적으로 곤충들이 제공하는 수분 서비스의 경제적 가치는 연간
> 약 1920억 달러로 추정되고 있다.
>
> ─OECD 환경전망 2050

문화다양성은 전 세계, 특정 지역에서 발견되는 인간문화의 다양
함이라 할 수 있다. 각각의 집단과 사회의 세계관, 생활방식, 지식과
가치체계, 관습의 표현방식은 서로 다르다. 그래서 2001년 유네스코
총회 문화다양성 선언 제1조는 "문화는 시공간에 여러 형태로 나타
난다. 이 다양성은 인류를 구성하는 집단과 사회의 정체성과 독창성
을 구현한다. 생물다양성이 자연에 필요한 것처럼 교류ㆍ혁신ㆍ창
조성의 근원으로서 문화 다양성은 인류에게 필요한 것이다. 이러한
의미에서, 문화 다양성은 인류의 공동 유산이며 현재와 미래 세대를
위한 혜택으로써 인식하고 확인해야 한다"라고 천명했다.
생물, 그리고 문화적 다양성이 분리된 영역이라는 인식은 실제로
생물-문화다양성이 상호의존적인 동시에 서로 보강하고 있다는 인
식을 어렵게 만들어 왔다. 생물다양성은 자연에서뿐만 아니라 다양
한 사회ㆍ경제ㆍ문화적 요소들의 상호작용에 의해 영향을 받는다.
그래서 문화다양성은 생물다양성을 반영한다.
생명의 다양함은 문화의 다양함을 창발적으로 발현한다. 그리고
문화다양성은 언어를 통해 구현되고 전달된다. Baker(2001)는 생

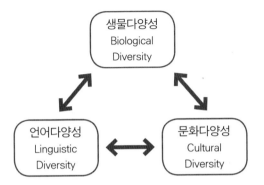

세 가지 다양성은 분리되고 평행한 영역으로 존재하지 않는다. 오히려, 하나의 복잡한
사회-생태 적응 시스템으로 상호연관되어 있고, 상호의존적이다. (출처: Luisa Maffi and
David Harmon, 2014)

물-문화 다양성이 지구와 인간의 장기적인 생존에 있어 균일성의
위험과 함께 다양성의 중요함을 강조한다.

생태계의 다양성은 장기적으로 행성이 살아남는 데 필수적이다.
다양성은 적응에 대한 잠재력을 포함하고 있다. 균일성은 경직
성과 부적응성을 제공함으로써 종을 위험에 빠뜨릴 수 있다. 언
어와 문화가 사라지면서 인간의 지적 성취에 대한 증언이 줄어
들고 있다. 생태학의 언어에서 가장 강력한 생태계는 가장 다양
한 생태계다. 다양성은 안정성과 직접적으로 관련이 있다. 다양
성은 장기적인 생존에 중요하다. 이 행성에서의 우리가 살아남
은 것은 수천 년에 걸쳐 다양한 환경에 적응할 수 있는 능력 때문
이다. 그러한 능력은 다양성에서 태어난다. 따라서 언어와 문화
다양성은 인간의 성공과 적응 가능성을 극대화한다.

지속가능한 삶이 유지되는 것은 생물-문화-언어 다양성이 서로 상호작용 하면서 유지되기 때문이다. 이들은 분리되어 있지 않고 서로가 서로를 지탱하고 있다. Luisa Maffi와 David Harmon(2014)은 생물다양성과 문화다양성, 그리고 언어다양성이 서로 분리된 영역으로 존재하는 것이 아니라, 오히려, 하나의 복잡한 사회-생태 적응 시스템으로 상호연관되어 있고, 상호의존적이라고 설명한다.

　다음 그림은 생물다양성과 문화다양성 사이의 관계를 좀 더 세부적으로 나타낸다. 생물다양성은 종(Species)을 지표로 한다. 그러나 문화다양성을 양적으로 측정하는 것은 어렵다. 왜냐하면, 한 사회집단의 문화적 특성이 다른 집단과 배타적으로 단절된 것이 아니고, 다른 사회집단 간에 서로 겹쳐있기 때문이다. 이러한 복잡성 때문에 언어가 문화다양성의 지표로 사용된다. 언어와 문화는 서로 연결되어 있고, 문화 전달의 주요 도구이다.

생물다양성		문화다양성
지 표		지 표
종(species)	↔	언어(Language)
↓		↓
Process(stochastic)		Process(stochastic)
유전(Heredity)	↔	기억(Memory)

생물다양성과 문화다양성 사이의 연결 모델
(출처: Kassam and Karim-Aly, 2009)

생물다양성은 종에 의해 유전되고, 문화다양성은 언어에 의해 기억되고 전수된다. 생물다양성과 문화다양성은 종과 언어, 유전과 기억의 형태로 상호작용한다. 이 다양성 사이의 상호작용 과정들은 필연적이거나 보편적이라기보다는 복잡하고, 불확정적이며, 잠재성의 어떤 측면에 주목하느냐에 따라 달라질 수 있다.

2002년 지속가능발전 세계정상회의 후속 조치 중 하나로 2005년에 UNESCO와 UNEP 사무국 간의 자문회의에서 생물다양성과 문화다양성 사이의 상호의존적 영역과 예를 다음과 같이 개발했다.

① 언어 및 언어다양성(Language and linguistic diversity)
 · 언어: 예) 자연과 관련된 용어, 개념, 범주
 · 언어다양성: 예) 생물다양성에 대한 언어다양성 관계
② 물질문화(Material culture)
  예) 생물다양성을 대표하고 영적, 종교적 신념과 열망, 예술을 반영하는 대상
③ 지식과 기술(Knowledge and technology)
 · 기술 및 기법: 예) 천연재료의 사용과 관련된 실습과 과정
 · 전통 및 지역 지식: 예) 장소, 자원, 조기경보체계, 전통의학
 · 한 세대에서 다른 세대로 지식과 기술을 전수: 예) 공식 및 비공식 교육
 · 전통지식의 활성화 메커니즘
 · 새로운 지식과 기술의 적응 메커니즘, 기술이전
④ 존재방식(Modes of existence)
 · 천연자원 이용, 자원기반 생활 및 자원 관리: 예) 농업, 산업농업,

원예, 어업, 사냥, 유목민 관습, 이동경작

· 육지 · 바다의 이용과 관리: 예) 불을 이용하거나 관례적 바다 종신
이용에 대한 경관 관리

· 식물 · 동물 사육 및 선택적 번식: 예) 유전적 다양성의 유지와 관련
된 지역 식물 · 동물 품종

· 경제적 · 사회적 기여가 큰 경제활동 보충: 예) 사냥, 베리 및 버섯
따기

⑤ 경제적 관계(Economic relations)

· 생태적 경계를 넘어서는 천연자원 거래를 기반으로 하는 파트너십

· 공동 재산, 자원의 관리

⑥ 사회적 관계(Social relation)

· 자원 사용의 차등과 관련된 사회적 역할

· 장소에 대한 접근: 예) 자연 장소(국립공원, 신성한 장소 등)에
새겨진 문화적 정체성

· 독특한 환경지식 구분: 예) "wild food" 수집, 약용식물

· 정치적 관계: 예) 차등 자원접근에 대한 통제

· 법률제도: 예) 자원, 토지 접근을 관할하는 관습법뿐만 아니라
현재의 국가법률 및 협약의 법적 측면

⑦ 신념체계(Belief systems)

· 의식과 제례: 예) 계절에 따른 행사 기념

· 신성한 지역: 예) 신성한 숲의 보전

· 신화, 세계관, 우주론 및 영성: 예) 인간-자연 관계의 표현

· 자연 세계를 통해 형성된 정체성: 예) 토테미즘, nagualism(동물에
수호신이 있다는 믿음)

생물문화다양성

17세기 이후 서양의 사상은 자연과 인간의 사회시스템을 분리된 영역으로 구분하기 시작했다. 인간은 자연의 경계 밖에 서서 그 복잡한 시스템을 부분들의 특성을 통해 완전히 이해할 수 있다는 데카르트적 사상이 지배하기 시작한 것이다. 그 결과 생물과 자연, 그리고 지구는 하나의 기계로 인식되었다. 그러다가 18세기 말엽에서야 다양한 영역에서 '지구를 하나의 거대한 전체[1]'로 보고, 자연은 자기조직화 하는 상호의존적 시스템으로 인식하는 흐름이 시작됐다.

생물문화다양성 개념은 동양의 생태사상에서 보면 사실 새로운 것이 아니다. 동양의 사상은 전통적으로 자연과 인간을 분리된 존재로 인식하지 않았다. 불교의 연기설(緣起說), 힌두교의 범아일여(梵我一如), 유가의 천인합일(天人合一), 도가의 무위자연(無爲自然) 사

---

1 18세기와 19세기의 가장 위대한 통합적인 사상가 중 한 명인 훔볼트(Alexander von Humboldt)는 기후를 지구 전체를 하나로 통합시키는 힘으로 보았고, 생물, 기후, 지각이 공진화(供進化)하고 있다는 사실을 인식했다. 이것은 오늘날의 가이아 가설을 거의 포괄하는 개념이다(프리초프 카프라, 『생명의 그물』, 김용정 · 김동광 역(서울: 범양사, 1998).

상에서 보듯이 동양의 생태사상은 자연의 섭리를 이해하고 조화를 이루는 사상이었지, 자연을 정복하고 종속시키는 사상이 아니었다.

생물문화다양성의 개념도 생물-문화가 분리된 것이 아닌 원래 하나의 '몸'이었던 것이 서구의 시각에 의해 생물다양성, 문화다양성, 언어다양성 등으로 세분화하여 연구되었다가 최근에서야 통합적 연구가 진행되고 있다는 점에 대해서는 우리가 깊이 생각해볼 필요가 있다.

문화를 '제2의 자연'이라고 한다. 자연에 대한 지배적인 문화는 지속 불가능한 문화이기 때문에 극복되어야 한다. 이재영(2015)은 "인간은 자연을 소유하며, 소유물로서의 자연은 인간의 목적에 따라 마음대로 변형되거나 이용될 수 있다고 생각한다. 반대로 인간이 자연에 속한다고 생각하는 사상도 있다. 이런 경우 인간은 자연의 일부로써 자연이 제공하는 지원 범위 내에서만 존재할 수 있다."고 말한다.

우리는 자연으로부터 물질적인 것뿐만 아니라 정신적인 욕구를 충족하기 위해 자연을 이용해 왔다. 자연과의 끊임없는 상호작용과 적응의 과정에서 생물종의 생태적 특성, 그리고 우리가 속한 생태계에 대해 이해하고 이용해 왔으며, 전통·관습과 같은 문화적 가치와 일상적인 삶의 방식에 대해서도 상세한 지식을 발전시켜 왔다. 그리고 지역수준에서 인간-자연 간의 상호의존적 관계의 누적된 효과는 지구적으로 영향 미치게 된다.

1980년대 후반부터 서구를 중심으로 생물다양성과 문화다양성이 어떤 '불가분의 관계'를 맺으면서 생태-문화 공동체가 유지된다는 주장과 함께 학문적 연구가 시작됐다. 1990년대에는 과학과 인문학, 정책과 인권의 영역에 이르기까지 다양한 연구가 진행되었다.

생물문화다양성 개념은 자연과 인간의 관계에 대한 다양한 학문 영역의 교차점에서 창발적으로 도출됐다. 생물문화다양성은 생명의 다양성(the diversity of life) 및 그것과 관련하여 생물적, 문화적, 언어적으로 발현되는 모든 것을 포괄한다. 생물문화다양성은 "사회-생태적 복잡적응체계(a complex socio-ecological adaptation system) 내에서 상호연결(혹은 상호진화)한다."라고 정의되고 있다. 이 정의에는 다음과 같은 기본적인 요소를 포함하고 있다.

· 생명의 다양성은 지구상에서 발견되는 식물, 동물, 서식지, 그리고 생태계의 다양성뿐만 아니라 인간의 문화와 언어의 다양성을 포함한다.
· 이러한 다양성들은 서로 분리되어 있거나 혹은 평행한 영역으로 존재하는 것이 아니라, 하나의 복잡한 방식으로 상호작용하고 영향을 미친다.
· 이러한 다양성들 사이의 연결고리는 지역 수준에서 인간과 환경 사이에 공진화하는 상호작용이 오랜 시간에 걸친 축적으로 지구에 영향을 미치면서 발전되어 왔다.

(Maffi and Woodley, 2010)

우리는 공기, 물, 의식주에서부터 육체적·심리적·정신적 안녕에 이르기까지 모든 것을 자연에서 얻는다. 각 지역마다 사람들은 생태계에 최소한의 영향을 주면서 전통지식, 가치관, 생활방식을 영위하면서 그들이 속한 생태계를 유지해 왔다. 이러한 방식은 생물다양성 보전에 직간접적으로 영향을 미치는 자원의 수확, 신성한 장소나

완충지역에 대한 의식과 규제가 공동체의 신념과 행동으로 나타나면서 지속가능한 생산기술을 발전시킨다고 할 수 있다. 그리고 이것은 언어에 의해 전달된다.

삶이 있는 곳마다 다양하고 독특한 문화가 형성·유지되는 것은 생물다양성이 바탕이 되기 때문이다. 그것은 생태계를 유지하는 것과 인간의 개발에 대한 욕망이 균형을 이루면서 발전해 왔다는 것을 의미한다. 그래서 Luisa Maffi(2014)는 "생명의 다양성은 지구상에서 발견되는 식물과 동물 종, 서식지 및 생태계의 다양성뿐만 아니라 인간문화와 언어의 다양성으로도 구성된다"고 말한다.

생물다양성과 문화다양성, 언어다양성의 관계는 지역적, 국가적, 지구적 수준에서 밀접한 연관성을 갖고 있다. 다음 그림은 지역 수준에서 문화와 생물다양성에 영향을 미치는 요소와 그 연결고리가 어떻게 형성되는지, 그리고 지역 수준에서 지구적 수준으로의 상관관계가 어떤 패턴으로 영향을 주는지 암시한다.

서식지 파괴와 남획은 생물다양성을 감소시키는 가장 직접적인 위협이다. 1970년대 이후 서식지 손실은 개발도상국이 빠르고, 북미, 유럽은 느려지고 평준화되고 있다. 그리고 열대지방의 서식지 감소도 우려할 만한 수준인데, 열대지역은 생물다양성이 가장 높은 지역이다. Luisa Maffi(2010)의 연구에 의하면 지구적 수준에서 생물-문화-언어다양성의 분포는 지리 및 기후적 요인에 따라 명확한 패턴을 보여주는데, 저위도 지역이나 높은 강우량과 기온이 높은 지역, 해안선, 산과 같은 지역이 고위도, 평야, 건조 지역보다 다양성이 높은 것으로 나타났다.

전 세계적으로 경험하는 사회·경제·정치, 그리고 군사적 압력

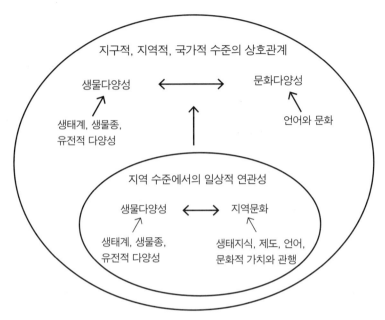

생물다양성과 문화다양성의 지구적/지역적/국가적 수준에서의 상호관계와 지역수준에서 문화와 생물다양성 사이의 일상적 연관성 (출처: Maffi and Woodley, 2010)

은 국가, 지역, 개인의 구분 없이 환경문제에 직면할 수밖에 없다. 경제적 불평등은 환경적 불평등을 촉진하게 되고, 이는 대부분 개발도상국과 생물다양성이 높은 국가나 지역에서 자주 일어나는 일이다. 이러한 압력은 지역사회가 전통지식과 언어를 잃어버리게 하고, 외부의 가치관과 삶의 방식을 도입하도록 강요받는다. 수천 년 동안 쌓아온 문화와 언어는 곧 구성원의 정체성이자 미래에 대한 잠재력이다. 그래서 문화와 언어다양성은 생물다양성 만큼이나 중요하다. Jonathan Loh와 David Harmon(2014)은 문화와 언어의 균질화에 대해 다음과 같이 경고한다.

그러면 우리 모두는 더욱 비슷해질 것이고, 세상의 한 부분과 다른 부분, 또는 한 문화와 다른 문화 사이의 차이는 빠르게 사라질 것이다. 결국 우리는 같은 언어를 사용하고, 같은 옷을 입고, 같은 음식을 먹고, 같은 음악을 듣고, 같은 브랜드를 소비하고, 같은 신념을 가지게 된다. 한 도시는 다른 도시와 거의 똑같이 보일 것이다.

생물문화다양성에 대한 개념과 이해는 지역의 지속가능한 발전이라는 패러다임과 깊은 연관이 있다. 생물문화다양성 관점에서 볼 때, 지역이 지속가능하다는 것은 생물다양성뿐만 아니라 문화적, 언어적 다양성이 풍부함을 의미한다. 이것은 우리 삶을 유지하는 요소이기도 하지만 생태계가 생명력과 회복력을 갖고 있다는 의미이기도 하다.

지속가능한 발전을 위해서는 지속가능한 교육이 전제되는 것은 당연하다. 앞에서 전통생태지식이 지속가능발전교육에서 중요한 요소와 소재가 되는 것처럼 지역의 생물문화다양성에 기반한 교육 역시 그렇다. 지역의 생태·문화·역사에 기반한 생물문화적 지식은 지금의 학교 교육에서처럼 저장해 놓고 필요할 때 꺼내 쓰는 그런 지식이 아니다. 세대에서 세대로 전달되는 시공간이 연동된 알아가는 과정, 즉 '앎의 과정'에서의 지식이다. 이러한 과정에서 다음 세대가 지역 생태계와 문화를 이해하면서 조화롭게 살아가는 방법을 자연스럽게 습득하게 된다. 따라서 앞으로는 생물-문화-지역(장소)-지역주민(전통생태지식)이 연계된 다양한 프로그램 개발이 필요하다.

생물-문화에 대한 이해는 우리 공동의 자산인 생물문화다양성을

생물문화다양성 교육. 아이들이 마을에서 오래 살고 있는 주민과 인터뷰를 하고 있다. 갯벌에서 채집한 생물을 보고, 마을에서 전통적으로 부르는 이름, 잡는 시기와 방법, 음식 등에 대해 물어본다. 생물은 인터뷰를 마치고 채집 장소에 가서 다시 놓아 준다.

자본과 문화권력으로부터 지역공동체를 지킬 뿐만 아니라 자연과 인간의 관계를 이해하는 데 도움을 준다. 자연을 대상으로 객관화하고, 분석하고, 관찰하는 것을 넘어 이제는 상호의존적인 시각과 직관으로, 그리고 자연 속에서 '내가 되는 것'에서 지혜를 발견할 수 있지 않을까 생각한다. 생물-문화는 분리된 영역으로 존재하는 것이 아니라, 하나의 복잡한 전체이다.

외국의 생물문화다양성 사례

케냐의 호리병박

Project Contributor: Yasuyuki Morimoto

케냐에서는 호리병박과 그 아종들 50여 가지가 1만 년 동안 재배됐으며 풍부한 문화적 역사를 갖고 있다. 호리병박은 이 지역 물질문화의 중심으로 이루며 복잡한 상징체계 속에서 중요한 문화적, 상징적 가치를 갖고 있었다.

이 박과 관련해서 61가지의 서로 다른 이용방식이 기록되고 사용되었다. 음식으로 직접 먹거나 소스로 만들었으며, 끓이거나 튀겨 먹었다. 용기로써 물, 우유, 향수 등을 담는 데 사용하였으며 악기, 가면, 동물의 덫, 세면대, 양봉통 등으로 쓰였다.

최근 들어 플라스틱 용기가 나오면서 이 박을 이용하는 지혜와 지식들이 형편없이 평가절하되었다. 이제 이 박을 이용하는 지식은 잊히거나 사라지고 있고, 그와 동시에 이 지역에서 박을 재배하는 지역도 점차 줄어들어 멸종되고 있다.

여성들이 축제에서 내보이는 호리병박과
씨앗 목걸이
(출처: Luisa Maffi and Ellen Woodley, 2010)

 2001년부터 이 박을 보전하고 활용하여 수익을 얻기 위한 프로젝트가 시행되었고, 이 과정에서 약 200가지 박이 수집되었으며 종자 확산을 위해 재배, 관리되었다. 조사팀은 인터뷰, 노래, 이야기에 담긴 정보들을 체계적으로(카세트 테잎에 그 나라의 말로) 수집, 정리하였다.
 박물관은 이런 작업의 중심지 역할을 하여, 종자를 수집, 보관하고, 교환, 확산하며, 학교 학생들이나 방문자들에게 교육하는 역할을 하였다. 그 이후에도 농부나 많은 사람의 이야기가 테이프에 자국어, 토착어로 녹음되었다. 이런 채집 결과는 전문 학술지에 실렸고 그 과정에서 지식보유자의 존재(실명)를 알림으로써 그들의 중요성과 자부심을 높이는 접근법을 채택하였다.
 장벽이 전혀 없었던 것은 아닌데, 그 관련 지식이 특정 공동체에 속해 있거나 소수의 사람이 독점적으로 갖고 있는 경우 그들이 그 지식의 소유권을 주장하면 공공화되기 어려운 점이 있다. 왜냐하면, 그 지식이 수익과 밀접하거나 의약 재료로 쓰일 수 있을 경우 탐내는 사람들이 많기 때문이다.
 축제와 같은 행사를 통해 관련 지식이나 정보에 관한 관심을 높이고 확산하는 계기를 만들기도 하였다. 이 프로젝트의 결과, 지역 여성들은 박을 이용한 다양한 상품(씨, 열매, 목걸이, 그릇 등)을 개발하여 판매함으로써 수익이 크게 증가하였다. 때로는 다른 지역이나 국가에서 주문하기도 한다. 정부는 이 사례의 성공을 확인하고 시상하고 작은 센터를 만들어 주었으며, 대중매체를 통해 성공사례를 홍보하기도 하였다. 이제 호리병박 이외의 다른 작물에 대해서도 비슷한 접근이 시도되고 있다.

탄자니아의 언어다양성

Project Contributor: Samantha Ross

탄자니아의 Eastern Arc Mountain Chain 지역은 전 세계에서 생물문화다양성의 측면에서 가장 중요한 33개 지역 중의 하나이며, 특히 언어다양성과 생물다양성의 관련성을 잘 보여준다. 이 지역에는 200여 종의 토종동물과 800여 종의 토종식물의 원산지이며, 지금도 여전히 새로운 종들이 발견되고 있다. 탄자니아에는 127개 이상의 언어가 존재하며, 전체 인구의 95%가 스와힐리어를 사용한다. 1961년 이 언어가 동일성과 평화를 확보하기 위해 국어가 되기는 했지만, 여전히 지역에서는 다양한 언어가 사용되고 있다.

탄자니아의 생물문화다양성과 언어다양성은 동시에 위협을 받고 있다. 가장 큰 문제는 언어에 관한 기록의 부재와 언어사용자의 감소이다. 특히 정부의 토착어 중요성에 대한 인식의 부재가 중요한 걸림돌이다.

탄자니아 고카의 풍부한 식물의 변화를 토론
하고 있는 여성 포커스 그룹
(출처: Luisa Maffi and Ellen Woodley, 2010)

　스와힐리어를 제외하고는 교육과 대중문화에서 억제되고 있고,
이렇게 말해진다. "아이들은 환경과 식물에 관심이 없고, 텔레비전
과 컴퓨터만 본다. 그들은 도시에 가서 일자리를 구하려고 하고, 그
러기 위해서는 영어가 도움이 된다고 믿는다. 그들은 우리 것이 아니
라 신에게 귀를 기울이도록 종교의 영향을 받는다. 전통어는 이제 낡
은 것이 되었다."

　지역의 환경적, 문화적 지속가능성을 위해서 생물-문화적 다양성
과 지역의 언어들을 어떻게 연결할 수 있을까 하는 것이 중요한 과제
였고, 지금처럼 스와힐리어가 독점적인 위치를 계속 유지할 경우 다
른 언어들에 어떤 영향을 미치게 될지, 그 영향은 경제적, 환경적으
로 어떻게 확대될지를 예측하고자 했다.

　학교나 공적 영역에서 스와힐리어가 더욱 독점적인 위치를 차지
해가고 있지만, 이런 힘이 별로 미치지 못하는 영역이 있었는데, 그
것이 바로 식물의 이름, 장소, 쓰임새 등에 관한 것이었다. 식물을 구
분하고 찾아내고 이용하는 과정에서 필요한 지식은 토착어가 여전
히 사용되고 있었고, 후세들에게도 전수되고 있었다.

이는 지역의 환경과 식물을 보전하고, 이를 활용하기 위해서는 지역어, 토착어를 유지하는 것이 중요함을 보여준다. 특히, 그런 지식을 후대에 전수하는 과정에서는 더욱 그러하다는 것을 확인시켜주고 있다. 교육의 탈중심화가 이런 면에서도 특별한 의미를 가질 수 있을 것이며, 이런 점들이 2007년 작성된 최종보고서에도 담겼다.

조사한 결과들은 스와힐리어와 함께 지역어가 병기된 동화책이나 이야기책으로 만들어져서 전파되었으며, 세 번째 책은 지역의 중요한 식물들이 사진과 함께 그 지역의 언어로 함께 표기되어 제작될 것이다. 이 책을 본 지역의 사람들은 자기들의 언어가 책으로 기록되었다는 것에 대해 아주 특별한 의미를 부여하였으며, 그 책을 자기 아이들에게 읽혀주고 있다.

몽골어 속의 유목문화

몽골어에서 말의 털빛을 가리키는 표현만 무려 240종류가 있다고 한다. 이처럼 가축과 관련된 용어가 풍부하다는 것은 가축의 사육과 관리상의 필요, 가축에 대한 애착과 관심, 그리고 일상생활이 가축을 기르는 일이나 가축의 산물 이용과 밀접하게 관련된 데서 비롯되었을 것이다. 몽골어에 가축과 관련된 속담이 풍부하게 발달한 것 또한 이들의 일상생활이 가축을 기르는 일과 밀접하게 관련되어 있기 때문일 것이다.

가축 관련 어휘를 살펴보면 몽골의 중요한 가축으로는 양, 염소, 소, 말, 낙타가 있다. 몽골어로 양은 '호니(honi)', 염소는 '야마

(yamaa)', 소는 '욱헤르(üher)', 말은 '아도(aduu)', 낙타는 '테메
(temee)'라고 한다. 재미있는 것은 이런 가축들이 1살일 때와 2살일
때 부르는 이름이 따로 있다는 것이다. 예를 들어, 1살짜리 소는 '토
갈(tugal)'이라 부르고 2살짜리 소는 '바로(byaruu)'라고 부른다.

심지어 가축들의 똥을 부르는 말도 다르다. 양, 염소, 낙타의 똥은
모두 '호르골(horgol)'이라고 하지만 소똥은 '아르갈(argal)', 말똥은
'호몰(homool)'이라고 한다.

colspan으로 표시					
몽골 유목민이 사용하는 동물들의 다양한 명칭					
분류	양	염소	소	말	낙타
총칭	호니 honi	야마 yamaa	욱헤르 üher	아도 aduu	테메 temee
씨짐승	호츠 huc	옥흔 uhn	복흐 buh	아자르가 ajarga	보오르 buur
거세한 수컷	이렉 ireg	에르 야마 er yamaa	샤르 šar	모리 mori	아트 at
암컷	엠 호니 em honi	엠 야마 em yamaa	우네 ünee	구우 guu	잉게 ingge
1살	호르가 hurga	이식 išig	토갈 tugal	오나가 unaga	보트고 botgo
2살	–	–	바로 byaruu	다가 daaga	토롬 torom
울다	마일라흐 mailah	마일라흐 mailah	머러흐 mööröh	얀츠가흐 yancgah	보일라흐 builah

| 똥 | 호르골
horgol | 호르골
horgol | 아르갈
argal | 호몰
homool | 호르골
horgol |

몽골인들의 속담은 유목문화 모습을 잘 나타내고 있다. "암소의 털빛이 검어도 그 젖은 희다"는 사람이고 세상이고 외형만으로 판단해서는 안 된다는 뜻이다. "울어 울어 사람이 되고, 울어 울어 가축이 되는 법"이라는 속담도 있는데 사람은 온갖 어려움과 슬픔을 겪어가며 진정한 사람으로 성장한다는 뜻이다. "염소고기는 뜨거울 때에"라는 속담은 염소고기가 뜨거울 때 가장 맛이 있는 것처럼 모든 일에도 가장 적절한 시기가 있고, 그 시기를 놓치지 말라는 뜻이다.

"양치기네 집에 양의 똥 팔기"라는 속담은 그 뜻을 어렵지 않게 헤아릴 수 있을 것이다. 양의 똥은 쓸모가 없고, 양치는 사람의 집 부근에는 양의 똥이 성가실 만큼 널려 있으므로 양치기가 남의 양의 똥을 살리는 만무하니, 따라서 되지도 않을 수작을 하는 사람을 비웃는 말이다. "수렁에 빠진 황소의 주인은 힘이 세다"는 속담은 황소의 덩치가 사람보다 훨씬 크고 무게도 사람의 몇 배가 많이 나가기 때문에 수렁에서 끌어내기가 이만저만 어렵지 않지만, 빠진 소가 자기의 소이면 끌어낼 힘이 솟는다는 뜻으로 어려운 일이 닥치면 그 일을 극복할 힘과 용기와 지혜도 함께 생기는 법이라는 뜻이다.

"간다 간다 하면서 염소 한 마리 다 먹기"라는 속담은 우리말의 "간다 간다 하면서 아이 셋 낳고 간다"라는 속담과 비슷한 뜻으로 사용된다. "말이 백 마리나 되어도 탈 것이 없고, 양이 천 마리나 되어도 잡아먹을 것이 없다"라는 속담은 가축에 대한 유목민의 애착을

묘사하는 속담이다. 말이 백 마리나 되어도 타고 다닐 만한 말이 눈에 띄지 않고(말이 힘들어 할 것이 안타까워서), 양이 천 마리나 되어도 잡아먹어도 괜찮을 것 같은 양이 눈에 띄지 않는다(한 마리 한 마리가 다 사랑스러워서)는 뜻이다.

(출처: 유원수. 2009. 몽골의 언어와 문화)

자연과 문화유산의 재연결: 마샬군도의 동식물

Project Contributors: Nancy Vander Velde with Jorelik Tibon

태평양 마샬군도에서는 세계의 다른 많은 지역에서 그런 것처럼 전통적인 생활방식이 도시화된 생활방식으로 대체되고 있다. 침입종과 다른 비고유종에 의한 복합적인 변화는 지역 생물다양성 환경과의 단절을 초래했다. 전통적인 환경지식의 대부분은 Marshallese 언어와 함께 지역 동식물의 이름과 용도를 더 이상 알지 못하는 젊은 세대들 사이에서 잃어버렸다.

'비키니 환초의 새와 식물에 대한 보고서, 마샬 군도의 나무와 미크로네시아의 물고기' 프로젝트를 통해 마샬의 생물다양성의 일부 측면을 보존하려는 노력이 이루어졌다. 한 가지 결과는 마샬군도 역사보존사무소와 미국 국립공원관리소에 의해 제작된 마샬군도의 조개껍질 및 기타 연체동물에 관한 책이었다.

이 책은 Marshallese 언어로 전통적인 이야기, 이용방법과 함께 복족류와 키톤종에 대해 소개했다. 그리고 다음은 이매패류와 두족류에 대한 비슷한 소개가 뒤따를 예정이다. 지역 동식물에 대한 가이드

Pandanus tectorius (출처: https://www.cabi.org/)

를 제작하여 지역적으로 널리 접근할 수 있도록 하며 언어 및 지식
전달을 촉진하는데 기여하고자 했다.

　최근 가장 중요한 전통음식과 일반적으로 이용되는 식물종인
Pandanus tectorius를 보존하기 위한 노력이 이루어지고 있다. 이 나
무는 야생 형태로 발견되지만, 마샬군도의 초기 주민들은 수많은 식
용품종을 개발해 왔다. 지금까지 마샬군도 농업 부문과 미국 농무부
를 통해 200개가 넘는 품종이 문서화 되었으며, 가능한 많은 품종을
찾아 보존하기 위한 지속적인 노력이 이루어지고 있다. 그러나 재배
품종 중 일부는 멸종되었을 수 있으며, 이와 관련된 지역 지식과 관
심은 최근 수십 년 동안 사라진 것으로 보인다. 젊은 세대의 많은 수
가 3~4종의 품종 이름만 알고 있는 것처럼 보인다.

　마샬군도의 비키니 환초 사람들은 조상의 집에 대한 지식을 유지
하기 위해 더 큰 도전에 직면해 있다. 미국은 1940년대와 1950년대

미크로네시안 비둘기(Micronesian Pigeon) (출처: Wikipedia)

핵 실험을 하면서 주민들을 비키니 환초에서 대피시켰고, 지금까지도 그 땅은 여전히 남아 있는데 지금까지 방사능이 남아 있다.

다른 프로젝트로는 마샬군도의 유일한 토착 조류인 미크로네시안 비둘기(Micronesian Pigeon), 특히 동부에서만 발견되는 아종 라타켄시스(ratakensis)가 있다. 마샬군도 보존협회는 이 프로젝트를 감독해 왔으며, 이는 국제 조류 관찰자들의 관심을 끌었다. 지금까지는 마주로(Majuro) 환초에서 발견된 새들에 대한 연구가 집중되었지만, 아종이 여전히 발견되거나 과거에 발견된 것으로 보고된 다른 환초로 확장하기 위한 노력이 진행 중이며 보호 및 재도입을 희망하고 있다. DNA 검사는 기존 조류의 유전적 상태를 평가하기 위해 수행되고 있다.

출처: Luisa Maffi and Ellen Woodley, 2010

전통생태지식

부족과 토착민은 경제 발전의 영향력이 그들의 전통적인 생활양식을 혼란에 빠뜨리기 때문에 특별한 주의가 필요합니다. 전통적 생활양식은 현대사회가 복잡한 숲, 산 및 건조지대 생태계에서 자원 관리를 하는데 많은 교훈을 제공할 수 있습니다. 일부는 통제할 수 없는 무감각한 개발로 사실상 멸종위기에 처해 있습니다. 그들의 전통적인 권리는 인정되어야 하며, 그들의 지역에서 자원개발에 관한 정책을 수립하는 데 있어 그들의 결정적인 목소리가 보장되어야 합니다.

- 우리 공동의 미래(1987) 중에서

전통생태지식에 대한 학문적 개념이 전 세계적으로 명확하게 합의되진 않았다. 학자마다 전통생태지식에 대한 이해의 폭과 접근 방식이 조금씩 다른 이유에서지만, 그래도 지난 50~60년 동안 전통생태지식에 대한 연구와 논의가 지속적으로 이어져 왔다. 전통생태지식에 대해 Berkes(2008)는 "인간을 포함한 서로의 생명체 그리고 환경과의 관계에서 적응 과정에 의해 진화하고, 문화적 전달에 의해 세대를 거쳐 축적된 지식, 관행, 그리고 신념의 누적된 몸체"로 정의한다. 그리고 Zent(2008)는 "어떤 지역(local)에 살고 있는 사람들이 자신을 둘러싸고 있는 환경과 오랜 시간에 걸쳐 상호작용하면서 발견하고 기록하고 전수해 온 지식"으로 정의한다.

전통생태지식은 학교에서 배우는 보편적인 지식이 아니다. 인간-자연을 지속의 과정에서 형성된 상호의존적 관계로 보지 않고, 분석되는 그리고 합리적인 대상으로서 필요할 때마다 머리에서 끄집어내서 쓸 수 있는 지식이 아니다. 이런 지식은 실제로 삶을 유지하는데 별 도움이 되지 않는다. 토종 동식물의 이름은 고사하고, 구분하는 것에서부터 먹을 수 있는 것 없는 것, 구하는 시기, 채취와 보관, 음식을 만드는 방법을 학교에서는 가르치지 않는다.

지금의 경쟁 위주의 교육 시스템은 아이들과 자연의 관계를 더욱 소원하게 만들고 있다. 아이들은 자연에서 마음껏 뛰어놀 수도 없으며 생명체와 공감하는 시간보다 컴퓨터, 스마트폰과 함께하는 시간이 훨씬 많다. 십수 년 동안 아이들과 함께 지역의 생태환경과 역사문화에 기반한 교육 활동을 해왔다. 아이들과 함께 지역의 역사와 문화를 이해하고, 새를 관찰하고, 갯벌이 숨 쉬는 소리를 듣고, 숲의 이야기를 들려주는 것은 개인의 보람을 넘어 지속가능발전교육 측면에서도 중요한 일이다.

그러나 항상 느끼는 문제의식은 '왜 이런 시간을 갖는 것이 아이들에게 일상적이고 자연스러운 것이 아니라 특별한 것인가', 그리고 지금도 부족하긴 하지만 '과거에 비해 환경교육의 횟수는 더 늘어나고 있는데, 왜 아이들은 지역의 고유 생물종에 대해 더 많이 알고 있지 못한 것일까'이다.

이런 문제의식에 대해 이재영(2013)은 "우리나라 환경교육을 평

전통생태지식 교육. 주민이 아이들에게 전통 어업도구인 '쪽대'에 대해 설명하고 있다. 지속가능한 공동체가 어떻게 유지되어 왔는가를 이해하는 것은 지속가능발전교육에 있어 매우 중요하다.

가할 때 보편적이고 일반적인 지식을 전달하거나 교과서, 전문가로부터 제공된 교육 소재와 내용으로 프로그램이 만들어지고 진행됨으로써 단순히 지식을 전달하거나 사회, 경제, 환경을 포괄적으로 아우르지 못하는 자연체험 위주 환경교육으로써의 한계와 지역 고유의 생태, 문화적 요소와 단절되었거나 분절된 교육이 문제이자 과제이다"라고 지적하고 있다.

전통생태지식을 보존하고 유지해야 하는 많은 이유가 있겠으나 포괄적으로 보면 '지속가능발전교육'과 '지역-지구적 지속가능성'으로 볼 수 있다. 전통생태지식을 소재로 하는 교육은 당연히 지역의 생태계, 그리고 역사와 문화에 기반할 수밖에 없다. 조상들이 자연과

갈대밭을 없애고 연꽃단지를 조성하고 있다. 그것도 개개비가 한참 번식하는 시기다. 갈대에 대한 생물문화적 가치를 안다면 이런 무지한 일들은 좀 덜 일어나지 않을까.

교감하면서 어떻게 삶을 유지하고, 문화를 형성해 왔는지를 알아가는 과정은 공동체적이고, 상호의존적 관계를 이해하는 과정이다. 이것은 단순한 지식 전달의 과정이 아니라 세대와 세대를 연결하는, 그리고 자연으로부터 얻은 인간의 창의적이고 지혜의 요소를 포함하는 생산적 문화의 과정이다.

4장에서 자세히 이야기하겠지만 '웅어'는 기수역을 오가는 금강하구 고유 어종이다. 금강하굿둑 건설로 웅어가 사라져가고 있긴 하지만, 지역의 아이들은 이 물고기에 대해 잘 모른다. 봄철, 바다에서 금강하구로 이동해 갈대밭에 알을 낳는 것도 알지 못한다. 이와 연관해서 개개비가 갈대 줄기를 이용해 집을 짓는 것도, 갈대밭에 어떤 생물들이 살아가는지도, 갈대 뿌리가 약재로 쓰이는지도 모른다. 물론, 아이들을 탓하고자 하는 것이 아니다. 점점 지속가능성과 멀어져

가는 지금의 교육 현실과 미래를 말하는 것이다. '갈대' 이름조차 모르는 아이들과 갈대의 생태·문화·역사적 가치를 알고 성장한 아이들의 미래 사회는 많이 다를 것이다. 아이들이 성장해서 갈대밭 개발을 놓고 매립할 것인지, 보전할 것인지 직면했다고 가정을 하자. 갈대를 모르고 성장한 사람은 갈대는 그냥 바닷가에서 자라는 식물이겠지만, 어려서부터 갈대에 대한 전통생태지식을 배우고 성장한 사람은 그저 바닷가에 흔히 볼 수 있는 식물이 아닐 것이다. 갈대가 얼마나 많은 생명체와 연결이 되어 있는지, 그리고 조상들이 갈대를 이용하면서 형성된 문화적 가치와 장소가 가진 지리적 특징까지 경험과 기억으로 남아 있을 것이다. 두 경우 갈대밭 개발을 두고 어떤 결정이 날 것인지 상상하는 것은 어렵지 않을 것이다.

전통생태지식에 대한 논의와 연구가 필요한 것은 지속가능발전교육에 있어 생물문화다양성이 중요한 요소이자 소재로써 중요한 위치에 있고, 지역-지구의 지속가능성 역시 지역의 생물문화다양성이 풍부하거나 회복될 때 가능하기 때문이다.

전통생태지식에 대한 연구와 관심이 확산되면서 서구 학자들 사이에서도 전통생태지식이 비논리적이고 비과학적인 것으로 비판하거나 무시하는 경우가 종종 있다. 아마도 분석적이고 환원적인, 그리고 인간 중심적인 서구과학의 뿌리 깊은 전통에서 비롯된 것으로 볼 수 있을 것이다. 자연은 합리적·이성적으로 설명되거나 환원되는 성질의 것이 아니다. 또한 정신과 물질로 나눠서 설명하는 이분법적인 것도 아니다. 프리고진(1984)이 말한 것처럼 인간에게 있어 자연은 일단 설계되면 언제나 그 설계에서 짜여진 규칙에 따르는 자동적인 행동을 하는, 인간에게 죽어 있는 수동적인 자연이 아니다.

이재영(2015)은 전통지식체계의 지식은 다양한 조건 속에서 결정을 위한 것이라면, 서구과학체계의 지식은 가설을 세우거나 법칙과 상수를 증명할 때 이용된다고 말한다. Berkes(1993)는 전통생태지식과 과학적 생태지식 사이에는 유사점과 차이가 있고, 두 종류의 지식은 궁극적으로 환경에 대한 관찰에 기반을 두며, 둘 다 무질서에서 질서를 창출하는 것과 동일한 지적과정의 결과라고 말한다. 그러나 전통생태지식과 과학적 생태지식은 전적으로 일반화할 수는 없으나 실질적인 면에서 다르다고 주장한다. 다음 표는 이 두 영역의 차이에 대한 주장을 참고해 정리한 것이다.

전통생태지식과 과학적 생태지식의 차이 (출처: Berkes, 1993에서 참고)	
전통생태지식	과학적 생태지식
질적이다	양적이다
직관적 요소를 갖고 있다	합리적이다
전체론적이다	환원주의적이다
마음과 물질은 함께 고려된다	마음과 물질은 분리된다
도덕적이다	가치 중립적이다
경험적 관찰과 시행착오에 의해 축적된 사실에 기초한다	실험과 체계적인 것에 기초하고, 의도적인 사실 축적과는 반대된다
자원 사용자 자신이 생성한 데이터를 기반으로 한다	연구자의 상급 간부가 반대한다
한 지역의 정보에 대해 긴 시계열과 같은 통시적 데이터를 기반으로 한다	넓은 지역에 대해 짧은 시계열과 같은 공시적 데이터를 기반으로 한다

전통생태지식에 대한 연구는 최근 국제기구를 중심으로 증가하고 있다. IUCN, UNDP, UNEP, WIPO(세계지적재산기구) 등 많은 국제기구가 전통생태지식에 대한 가치를 인정하고, 토착민의 권리와 보호를 위한 여러 선언과 합의가 이루어지고 있다. 예를 들어, 환경과 개발에 관한 리우선언(UNEP, 1992)은 지속가능한 발전을 달성하는 데 있어 "토착민과 그들의 사회, 그리고 기타의 지역사회는 그들의 지식과 전통적 관행으로 인하여 환경관리와 개발에 있어서 중요한 역할을 수행하므로 각 국가는 그들의 존재와 문화 및 이익을 인정하고 적절히 지지하여야 하며, 또한 지속가능한 발전을 성취하기 위하여 그들의 효과적인 참여가 가능하도록 하여야 함(원칙 22)"을 원칙으로 하고 있다. 그리고 생물다양성협약(CBD, 1992) 제8조 (j) 및 제10조에서는 생물다양성 보전 및 지속가능한 발전을 위한 전통생태지식의 보다 광범위하고 적절한 적용을 촉진하고, 지식의 활용으로 인한 이익의 공평한 공유와 필요성을 강조한다.

나고야의정서(Nagoya Protocol)는 유전자원에 대한 접근 및 이익공유(ABS: Access to genetic resources and Benefit-Sharing)에 대한 것으로 2010년 10월, 제10차 생물다양성협약 당사국 총회에서 채택됐다. 의정서는 유전자원 이용에 따른 이익을 공정하고 공평하게 함으로써 생물다양성 보전과 지속가능한 이용에 기여함을 목적으로 한다.

나고야의정서 전문의 부속서 21항은 유전자원과 전통지식은 토착, 지역사회와 분리될 수 없는 상호관계를 맺고 있고, 생물다양성의 보전과 그 구성요소들의 지속가능한 이용, 그리고 지역사회의 지속가능한 생계유지에 중요함을 강조하고 있다. 이와 함께 세계적으로 생물다양성 감소 속도를 낮추고자 했던 목표가 달성되지 않자

'2011-2020 생물다양성 전략 계획'을 채택하고, '아이치(Aichi) 생물다양성 목표'를 세우게 된다.

전략 E(시민참여계획, 지식 관리, 역량 강화를 통한 이행 강화) 18번째 목표로 '2020년까지, 생물다양성의 보전 및 지속가능한 이용과 관련한 토착민 및 지역공동체의 전통지식과 획기적인 것, 그리고 그들의 관행을 국내법, 국제법을 위반하지 않는 범위 내에서 존중하고, 토착민과 지역공동체의 온전하고도 효과적인 참여를 통해 이를 생물다양성협약 이행에 완전히 통합, 반영한다'로 하였다.

전통생태지식은 인간의 삶을 유지하기 위한 자연과의 상호작용 과정에서 획득되고 축적된 지식 기반이다. 특정 생태계, 그리고 동식물에 대한 생태적 이해과정과 함께 독특한 문화를 형성하면서 이러한 지식을 발전시켜 왔다. 따라서, 전통생태지식은 생물다양성과 문화다양성의 중요한 연결고리를 형성한다고 할 수 있다.

Berkes(2008)는 전통생태지식은 지식, 관행, 신념 등이 포함된 복잡한 시스템이며 네 가지 구별되는 수준을 포함한다고 설명한다.

다음 페이지의 그림에서 전통생태지식의 중심 수준에서는 식물, 동물, 경관, 기후 등 지역에 대한 지식이 있다. 두 번째 수준에서는 이들과 관련한 지역의 지식이 적용되는 토지와 자원 관리시스템을 포함하여 경험, 도구, 기술이 함께 발전한다. 세 번째 수준은 전통적 시스템을 유지하기 위한 조정, 협력, 규칙 등 사회제도이다. 네 번째 수준은 더 넓은 의미에서 세계관과 종교적 신념이 환경에 대한 인식을 형성하고 의미를 부여하면서 문화적 표현과 세계관을 형성한다. 이것은 전체적이고 역동적인 시스템으로 각 네 단계 수준 간의 상호작용이 지속적으로 작동한다. 그리고 전통생태지식은 지역의 문화, 자

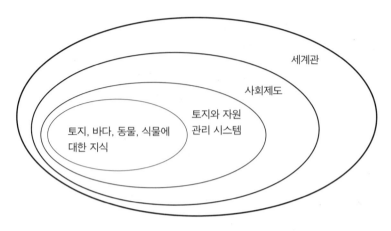

세계관

사회제도

토지와 자원
관리 시스템

토지, 바다, 동물, 식물에
대한 지식

전통생태지식 분석모델 (출처: Modified from Berkes, 2008)

연환경 조건의 변화와 함께 끊임없이 변화한다.

지역공동체를 유지해 온 전통생태지식은 지혜의 요소를 포함한
다. 전통생태지식과 지혜 요소와의 관계에서는 Turner와 그의 동료
들(2000)의 연구를 눈여겨볼 필요가 있다. 북아메리카 북서지역 토
착민들의 전통생태지식과 지혜의 구성요소에 관한 연구에서 이곳
토착민들의 철학적 세계관은 모든 것에 영성과 힘이 있으므로 존경
하고 있으며, 상호부조와 조상 대대로 살고 있는 땅과 상호작용을 한
다고 믿고 있다. 지역의 지속가능한 실천과 계획을 위해서는 이들의
제례와 관습, 모든 사람의 대화와 연설, 꿈과 비전, 교환, 경험에 의한
가르침과 배움, 환경변화, 수확계획, 적응, 기후나 계절에 대한 지식,
경관에 대한 지식, 구분과 명명법, 구술역사, 전통, 이야기 등 전통생
태지식과 지혜의 구성요소를 참고할 필요가 있다고 주장한다.

전통생태지식은 지역민들의 생계와 안녕을 유지시켜 왔다. 자연

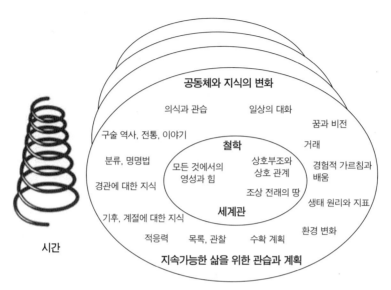

공동체와 지식의 변화

의식과 관습   일상의 대화

구술 역사, 전통, 이야기   꿈과 비전

분류, 명명법   철학   거래

경관에 대한 지식   모든 것에서의 영성과 힘   상호부조와 상호 관계   경험적 가르침과 배움

조상 전래의 땅

기후, 계절에 대한 지식   세계관   생태 원리와 지표

적응력   목록, 관찰   수확 계획   환경 변화

지속가능한 삶을 위한 관습과 계획

시간

북아메리카 북서부 토착민의 전통적인 생태지식과 지혜의 구성요소(출처: Turner et al, 2000)

으로부터 얻은 산물에 대한 직간접적인 이용과 변형을 통해 토착민들은 생계를 유지하고 문화적 정체성을 형성해 왔다. 또한 생물과 지역환경, 기후에 대한 지식은 지역공동체의 문화적 정체성뿐만 아니라 영적인 가치를 내포하기도 한다. 지역의 특정 노래나 춤, 의식, 신성한 장소나 물건 등은 자신들과 조상, 그리고 자연과의 비물질적 관계를 보여준다.

그러나 전통생태지식은 토착민들의 권리를 보호하기 위한 국제적 노력에도 불구하고 세계 곳곳에서 지속적으로 사라지고 있다는 연구가 자주 보고되고 있다. 전통생태지식에 대한 가치 인식, 그리고 보전과 관리는 토착민과 그 지역사회의 자율권이 보장될 때 가능하다. 토착민의 토지와 문화를 통제하고 전통생태지식에 대한 소유권 갈등은 인간과 자연이 조화로운 관계를 회복할 수 없게 만든다.

문화와 언어가 고정된 산물이 아니듯 전통생태지식 역시 세대에 걸친 변화·발전의 과정을 거쳐 축적된다. 그 과정은 지역의 생태계를 유지하면서 세대를 연결하는 방식이다. 따라서, 전통생태지식은 지역의 지속가능성을 연구하는데 중요한 요소이다. 지금까지 지역 공동체의 유지, 생태계 변화, 지속가능한 자원의 이용 등에 대한 분석과 모니터링에 있어 중요한 열쇠가 된다.

2장

금강하구의 사회경제는 어떻게 변해왔나?

여형범

금강하구를 바꾼 주요 사건들

사람의 손때가 묻은 금강하구

인간의 각종 활동이 이루어진 하구역은 오래전부터 순수한 자연 상태가 아닌 인간과 사회가 공존하는 사회-경제 시스템(social-ecological system)이다. 금강하구 또한 자연의 토대 위에 인간의 사회·경제 활동도 함께 변화해 왔으며, 지금도 금강하구를 어떻게 보전하고 이용할 것인지와 관련된 많은 이해갈등이 존재하고 있다.

역사적으로 금강하구는 백제 시대 해상교역의 관문이자 조선 시대에는 수운의 중심지이기도 했다. 일제 강점기 군산과 서천 지역에서는 대규모 곡창지대의 곡물을 수탈하기 위해 대규모 간척사업 및 항구와 철도가 건설되었고, 서천군 장항읍에는 금 제련소가 세워지기도 하였다. 1990년대 이후 군산항의 확장과 배후 산업단지가 조성되고 하굿둑이 건설되면서 금강하구의 지형적·물리적·생태적 조건이 크게 변화하였다.

금강하구의 생태적 조건이 바뀌면서 어업 규모는 줄었지만, 김 양식 규모는 증가하고 있다. 에너지 부문에서 서천에는 서천화력발전소가, 군산에는 군산 LNG복합화력발전소가 건설되었다. 갯벌은 한반도를 통과하는 철새들에게 더욱 중요한 중간 기착지가 되었으며, 서천과 군산은 철새를 테마로 하는 생태관광을 추진하고 있다.

금강하구에서 이루어지는 이러한 다양한 개발은 강하구의 환경변화와 함께 다양한 형태의 갈등이 발생하고 있다. 예를 들어 금강하구는 영양염류의 배출량 또는 공급과 관련해서 이해관계가 상충되고 있어, 이에 대한 조정이 필요한 상황이다. 영양염류가 과다한 시기에는 부영양화 및 녹조 문제를 겪고 있고, 동시에 금강하굿둑의 방류량 제한으로 인해 해역의 영양염류가 부족한 시기에는 김 양식 황백화 피해(2011년)가 발생하기 때문이다. 또한, 금강하구 유부도 지역에 해상풍력발전기를 건설하려는 사업이 추진되었으나 세계적인 철새도래지가 훼손된다는 비판이 제기되는 등의 이해갈등이 발생했다. 인근 화력발전에서 배출되는 온배수가 어장 및 양식장에 부정적인 영향을 미친다는 염려도 존재한다.

금강하구 지역이 행정적으로 여러 지방자치단체에 걸쳐 있고, 각 지방자치단체의 사회·경제적 여건이 상이하다는 점도 금강하구의 종합적인 관리를 어렵게 하는 요인이다. 금강하구를 공유·이용하고 있는 두 지방자치단체인 충청남도 서천군과 전라북도 군산시는 금강하구와 관련한 다양한 경쟁, 협력, 갈등 상황을 겪고 있다. 두 지자체 모두 근본적으로는 금강하구의 자원을 이용하여 주민들의 삶의 질의 향상에 정책적인 목표들 두고 있으나, 사회경제적인 여건의 차이에 따라, 서천군은 생태환경, 군산시는 이용·개발 측면을 강조하고 있다. 이런 차이는 금강하구의 생물문화다양성을 보전하고 복원하려는 노력이 한 걸음 나아가지 못하게 막는다.

금강하구의 생태환경을 지금보다 개선하려면 사회경제적 요인에 대한 종합적인 이해가 선행되어야 한다. 사회경제적 요인에 대한 종합적인 이해 없이 제안되는 대안들은 제안 단계에서부터 거부되거나, 운영 단계에서는 지속성을 잃거나, 적용 이후 단계에서 부작용을 발생시킬 가능성이 크다. 문제를 풀어가기 위해 금강하구의 생태환경에 영향을 미치는 활동이 무엇이고 어떻게 변해 왔는지, 누가 이러한 활동에 참여하거나 주도하고 있는지, 금강하구를 토대로 살아온 사람들은 금강하구를 어떻게 인식하고 있으며 어떤 영향을 받아왔는지를 파악해보고자 한다.

2장에서 다룰 주요 사건들

먼저 2절에서는 일제 강점기의 간척사업을 다루도록 한다. 하구 갯벌과 습지를 매립하여 농지나 주거지로 바꾸는 간척사업이 금강하구의 생태환경을 변화시킨 주요 요인이었다. 소규모 간척은 고려시대까지 거슬러 올라가지만, 대규모 간척사업은 일제 강점기 이후에 본격적으로 추진됐다. 일제는 식량 수탈을 위해 금강하구의 갯벌을 메워 대규모 농지를 조성했다. 금강 하천변을 간척해 만든 나포들과 바닷가 갯벌을 간척해 만든 옥구평야가 대표적이다. 간척에 이어 다룰 내용은 군산항과 장항항 이야기이다. 1899년 일제에 의해 개항된 군산항은 전라도와 충청도에서 생산된 쌀을 일본으로 실어 나르는 기지였으며, 1930년대 개항된 장항항도 마찬가지다. 군산항과 장항항 모두 갯벌을 대규모로 매립해 건설되었다. 군산항과 장항항으로 이어진 군산선과 장항선 이야기도 빼놓을 수 없다.

3절에서는 산업화 시기에 금강하구에 영향을 미친 주요 개발사업을 살펴본다. 일제 강점기 농지확보를 위한 간척사업은 1980년대 이후 산업화 물결을 따라 갯벌을 메워 대규모 산업단지를 조성하는 사업으로 변화한다. 일제 강점기 개발된 도로, 수리시설, 항만, 정미소와 양조장 등의 산업기반을 갖춘 군산시는 1965년 인구밀도가 전국 3위에 이를 정도였다. 서천군 장항읍도 마찬가지 이유로 전통적인 중심지인 서천읍과 함께 지역경제 중심지로 성장했다. 본격적인 산업화가 시작되는 1970년대 국가 경제개발 축에서 벗어나 지역경제 쇠퇴라는 위기를 겪지만, 1980년대 이후 연안 갯벌을 매립하여 조성될 군산국가산업단지와 군장국가산업단지(군산-장항 국가산업단지를 줄인 말이다.) 등의 산업단지 개발로 위기를 벗어나고자 한다.

4절에서 일제 강점기의 식량 수탈을 위한 농지개발은 50년 이상이 지난 1980년대 금강하구에 결정적인 영향을 미치는 개발사업으로 이어진다. 곡창지대인 익산·군산·김제·서천 지역 농경지의 낮은 수리시설과 농업용수 부족을 해결하기 위해 대단위농업종합개발사업(금강지구)이 추진되었다. 금강하굿둑 건설로 농업용수를 확보하고 용수로를 통해 멀리 김제평야까지 보내는 사업이다. 1983년 착공한 금강하굿둑 사업은 1990년 완공되었고, 금강하굿둑의 용수를 공급하는 관개시설 건설 사업은 1989년 시작되어 2020년 완공 예정이다. 금강하굿둑은 물과 토사와 생물종 등 자연적인 이동을 막을 뿐만 아니라 어업과 수운 활동까지 막아버렸다. 금강하굿둑 완공은 강하구의 생물문화다양성이 결정적으로 바뀌는 사건이 되었다.

2절에서 5절까지는 일제 강점기 간척사업, 1970년대 이후 산업단지 개발 및 항만 개발, 일제 강점기에 건설된 장항제련소와 산업화 시기에 건설된 화력발전소, 1980년대 이후 금강하굿둑 건설 등 금강 하구의 생태계와 주민들의 삶을 불가역적으로 바꾸어버린 사건들을 다룬다.

  금강하구의 생물문화다양성을 회복시키기 위해 물고기와 물의 흐름을 막는 금강하굿둑을 개방하고, 해수와 토사의 이동을 방해하는 항만시설을 개선하고, 간척된 공간을 일부라도 갯벌로 복원하는 노력이 필요하다. 하지만 이러한 동의를 끌어내는 일이 쉽지만은 않다. 금강하구의 간척과 개발로 삶의 터전을 잃은 생물종과 사람들이 있지만, 현재 상황에 적응해 살아가고 있는 사람들도 있기 때문이다.

  금강하구를 사이에 두고 서로 마주하는 충청남도 서천군과 전라북도 군산시의 이야기도 세심하게 살필 필요가 있다. 6절에서는 비슷하면서도 다른 두 도시, 군산시와 서천군의 현재와 미래에 관한 이야기를 다룬다.

  마지막으로 7절에서는 일제 강점기 이후 이루어진 금강하구의 개발사업과는 맥락을 달리하는 사회경제적 대안들을 살펴본다. 철새가 머무르는 갯벌과 섬을 보전하고, 건강한 생태계를 지역발전의 계기로 삼으려는 노력이 대표적이다. 물론, 다양한 의견과 갈등이 예상되지만, 금강하구의 생물문화적 접근은 삐걱거리면서도 서로 대안을 찾아갈 수 있는 매개가 될 것이다.

일제 강점기, 금강하구 간척사업과 수탈의 역사

일제 강점기 간척사업과 토지 수탈

고려 시대부터 갯벌을 간척하여 농지를 확보하고자 하는 노력은 계속됐다. 1232년 몽고 침입 시 강화도에 방조제를 쌓아 농지를 조성하였던 사례가 있고, 조선 시대에도 연안에 낮은 제방을 쌓고 소류지와 농지를 조성하는 형태로 간척된 사례가 있다. 금강하구에서도 소규모 간척사업은 계속되어온 것으로 보인다. 하지만 대규모 간척이 이루어진 것은 일제 강점기 이후이다.

금강하구의 본격적인 간척은 일제에 의해 개항된 군산항이 있는 군산시 지역에서 이루어졌다. 금강 유역에서는 갈대밭이었던 나포들이 개간되었고, 남쪽 만경강 유역에서는 1923년 만경강 대수로 건설 및 이후 만경강 직강화 공사에 의해 대야들과 수산 이곡 평야가 개간되었다. 금강 유역뿐만 아니라 해안지역의 갯벌도 간척되었다. 옥구평야 개간이 대표적인 사례이다. 옥구평야는 만경강 대간선 수로에 의해 물을 저장한 옥구 저수지를 이용하여, 옥구 저수지의

북쪽과 남쪽 지역을 간척한 것이다(디지털군산문화대전 '토지 확장의
대역사: 군산의 간척사업').

> 금강 하구부의 서천, 보령을 중심으로 한 지역은 일찍부터 갯벌
> 의 간척을 통해 평야의 개발, 확대가 이루어져 금강 유역의 충적
> 지와 연결된 넓은 평야 지대가 전개된다. 이 일대의 간척은 소규
> 모의 반복적인 간척을 통해 이루어졌기 때문에 간척 농지를 이용
> 하기 위한 농민의 계획적인 대량 이주는 거의 발생하지 않았다.
>
> — 국토지리정보원, 2003, 한국지리지 충청편

> 1910년대까지 군산 지역의 농경지 개발은 산기슭과 침식 평야
> 그리고 충적 지대를 중심으로 이루어져 임피면 술산리~대야면,
> 지경리~옥구읍 상평리와 오곡리를 연결하는 선의 북쪽 지역이
> 주로 개발되었고(임피들, 서수, 개정들, 평사들, 석교들, 미장들, 선제
> 들), 그 이남의 만경강 주변 지역(대야들, 수산 이곡 평야)과 금강
> 주변 지역(나포들)은 갈대밭이었다. 그리고 옥구읍 영병산(領兵
> 山) 서쪽 지역(현재 옥구평야, 옥봉평야, 미성평야, 군산지방산업단지,
> 군산국가산업단지, 군산2국가산업단지)은 바다와 갯벌이었다.
>
> — 디지털군산문화대전 '토지 확장의 대역사: 군산의 간척사업'

일본인들은 1894년 청일 전쟁을 전후하여 강경과 군산에 들어와
정착하기 시작했다. 1899년 조계장정에 의해 군산항이 개항되면서
군산 지역 거류지역에 일본인들이 크게 늘어나기 시작했다. 1899년
부터 1903년까지 한국인은 354%가 늘어난 반면 일본인은 1,590%

가 증가하였다. 1920년대에는 군산시 인구 14,138명 중 일본인은 5,659명에 달했다(디지털군산문화대전 '인구').

군산을 개항시킨 목적이 배후지 농업 경영에 있었기 때문에 군산항 축항공사, 전군 도로 개설, 호남선 및 군산-이리 지선 건설 공사 등 쌀 수탈에 필요한 기반시설 공사를 추진하였다. 군산에 정착한 일본인들은 토지 매수 등을 통한 토지 수탈을 활발하게 진행하여 1901년경에 4천여 정보의 토지를 소유하였다. 1908년 전국 최초로 설립한 옥구서부수리조합 등의 수리조합은 일본인 농장주들이 한국인 농토를 강점하는 수단이 되었다.

다음으로 이루어진 토지 수탈 수단이 간척사업이었다. 군산 지역에서는 조선의 간척왕으로 불린 후지이 간타로의 '불이흥업주식회사'가 1920년부터 3년 동안 현재 새만금 간척지의 절반 규모의 갯벌을 간척하여 '불이농장'이란 불리는 대규모 농장을 운영한 바 있다. 이런 과정을 거쳐 군산 지역의 한국인 지주들은 소작인으로 전락하게 된다(조중곤, 2002).

군산 지역과 마찬가지로 금강 맞은편의 서천 장항에서도 일제의 농지 수탈이 진행되었다. 일본인 대지주들은 1923년 서천수리조합 설립 인가를 받은 후 동부저수지, 봉선지, 서부저수지, 흥림저수지를 만들었으며, 장항에도 1929년 일본인 미야자키가 주도하여 옥남방조제를 건설하였다.

수탈기지로서 군산항과 장항항의 성장과 쇠퇴

호남평야와 논산평야에서 생산된 쌀을 일본으로 반출하기 위한 시설이 군산항이었다. 군산항은 1899년 개항 이후 1905년 근대적 항구로 건설되기 시작했다. 일제 강점기인 1909~1915년에는 부잔교 3기를 축조했고, 화물 전용 철도를 금강 기슭까지 연장하였다. 또한, 1918~1921년에는 부잔교 1기와 철도 인입선 연장, 강안매축 등을 추진하여 대형 부잔교 3기와 창고, 도로, 철도, 기타 해상 연락 시설 및 육상의 제반 시설을 완공하였고, 기선 접안이 가능하게 되었다(디지털군산문화대전 '군산 내항'). 이러한 기반시설을 바탕으로 군산항으로 쌀 유출량은 1912년 10만 석에서 1923년 백만 석을 돌파하고, 1934년에는 이백만 석을 넘었다(이성호, 1998). 쌀 유출량 증가와 함께 정미소, 주류제조 등 곡물 가공산업도 성장하였다.

군산항의 쌀 수출 실적 (자료: 이성호, 1998, 188쪽)		
연도	수량(석)	가격(원)
1912	106,048	1,309,152
1915	750,062	6,813,782
1923	1,117,168	32,096,472
1927	1,471,941	44,748,028
1933	1,785,539	36,977,001
1934	2,285,114	55,018,549

서천군 장항에서도 1931년 경남철도(장항선)가 개통되고, 1932년에는 부잔교를 보유한 장항항이 완공되었다. 군산과 마찬가지로 장항선과 장항항 건설 후 여러 지역에서 온 쌀을 처리하기 위한 미곡창고, 미곡검사소, 곡물상조합 등의 산업시설이 건설되었다(대전일보, 2016.7.13., "일제 수탈 상처 기록 서천 장항제련소").

일제 강점기 군산경제는 쌀 수출과 곡물 가공산업을 중심으로 성장하였지만, 1933년 조선 쌀의 수입을 통제하기 위한 '미곡통제법'에 따라 군산항의 쌀 수출 기능이 쇠퇴하기 시작했다. 또한, 일본이 중국침략을 위한 준비 작업으로 식민지 공업화를 추진하면서 1931년 경남철도(장항선)가 개통되고, 1933년 장항제련소 건설을 위한 기초공사가 시작되었다. 금강을 마주하고 있는 장항이 공업도시로 성장하기 시작하자 군산의 상공업자들은 "쌀의 도시 군산에서 공업 군산으로"라는 구호를 내걸며 공업도시로의 전환을 모색하게 된다. 군산의 상공업자들은 경남철도의 종단인 장항역과 호남선의 지선 군산선의 종단인 군산역을 연결하는 군장철교 건설을 요청하였다. 이때 그려진 계획도에서는 도선장과 해망동 일대를 매립하여 항만지역을 확장해 군산선과 장항선을 잇는 거대한 금강철교를 건설하고, 군산시가지 동쪽 개정 일대에 대규모 공업단지 부지가 표시되어 있다. 하지만 이러한 계획은 태평양전쟁 반발로 무산되고 계획으로만 남았다(이성호, 1998).

산업화 시기, 산업단지와 항만 개발

일제 강점기에 농지 획득을 위해 하구와 연안 갯벌이 간척되었다면, 산업화 시기에는 산업단지와 항만 개발을 위해 연안 갯벌이 간척되었다.

군산 지역의 산업단지와 항만 개발

일제 강점기에 군산 지역의 산업은 쌀의 집산지라는 특성으로 정미와 양조가 중심이었다. 1930년대 이후 성장이 정체되었고, 해방 후에도 1970년대 초반까지 특별한 산업 육성이 이루어지지는 않았다. 그런데도 1960년대 중반까지는 일제 강점기에 형성된 경제기반을 바탕으로 인구밀도가 높은 도시적 특성을 유지해왔다. 1965년의 경우 인구 집적 순위에서 전국 3위를 기록할 정도였다(디지털군산문화대전 '지역 산업의 변천').

1980년대 이후 지역 격차 해소 및 중국과의 무역 전진기지 개발이라는 정책적 필요성에 따라 서해안 개발사업 계획이 발표되었다. 서해안 개발사업은 1989~2001년간 총 20여조 원을 투자하여 산업 기지 건설, 공단 확충, 상하수도 건설, 수자원 개발 등을 목적으로 하는 개발 계획이었다. 이에 따라 경제적으로 낙후되어 가던 군산 및 주변 지역은 커다란 성장의 관심 지역으로 대두되었다(디지털군산문화대전 '지역 산업의 변천').

서해안 개발사업 중 군산국가산업단지와 군장국가산업단지 조성사업이 가장 두드러진 사업이다. 전라북도와 군산시는 구 옥구군 간석지를 이용하여 산업단지를 조성할 수 있도록 중앙 정부에 건의하였다. 정부는 이를 받아들여 1987년 8월 전라북도 옥구군과 충청남도 서천군 일부 해면을 산업 기지로 확정 및 고시하였다. 1990년 군산국가산업단지 조성사업이 착공되어 1995년에 준공되었다. 이와 함께 군산일반산업단지는 1976년 지정되었고, 1978년 착공하여 2006년에 준공되었다. 군산국가산업단지와 군산일반산업단지에 군산외항이 위치해 있다. 군산국가산업단지와 별도로 전라북도 군산과 충청남도 장항을 잇는 군장국가공단 조성 계획도 확정되어 1993년에 군산 지역에서 먼저 착공되었다(디지털군산문화대전 '지역 산업의 변천'). 군장국가산업단지(군산 지역)는 2007년 조성이 완료되었으며, 2011년 이름을 군산2국가산업단지로 변경하였다. 군산국가산업단지 아래에는 새만금 간척사업을 통해 새만금산업단지가 조성되고 있다.

일제 강점기 개항되어 쌀 수탈을 위한 항구로 개발된 군산항은 1958년에 8천 톤급으로 확장되어 1970년대까지 소형선박이나 어선이 주로 이용하였다. 하지만 1990년대 군산외항이 개발되고 금강하굿둑 건설로 수심이 낮아지면서 현재는 역사교육 및 친수문화공간으로 사용되고 있다. 때문에 현재 '군산항'은 주로 군산외항을 지칭한다. 군산외항은 군산국가산업단지 개발과 함께 1979년 제1부두가 준공되고, 1990년 군장신항만개발계획(1990~2011)이 수립되어 군산국가산업단지 및 군장국가산업단지의 지원과 중부권 화물 운송의 거점 역할을 수행하기 위해 1995년 제3부두, 1997년 제4부두(자동차전용부두)가 준공되었다. 2002년 국제여객부두가 준공되고, 2004년에는 제6부두까지 준공되었다.

서천군 장항 지역의 산업단지와 항만 개발

군산 지역에서 군산국가산업단지와 군장국가산업단지 개발이 이루어졌지만 서천군 장항 지역에서는 군산과는 다른 흐름이 나타났다. 1988년의 기본계획에 따르면 군장국가산업단지 장항지구는 서천갯벌(장항갯벌) 2,730만 평을 매립하여 조성될 계획이었다. 군산지구가 1993년에 착공에 들어간 반면 장항지구는 사업성 미비로 2006년까지 착공하지 못한 상태였다. 서천군 내에서 개발을 원하는 이들은 선거 등을 통해 장항지구의 착공을 끊임없이 요구해온 바 있다. 사업의 경제성으로 인해 사업계획은 서천갯벌 374만 평으로 축소되었으며, 2004년에야 환경영향평가 절차를 시작하여 2005년 환경영향평가서가 제출되었다. 해양수산부와 환경부는 제출된 환경영향평가에서 갯벌의 생태적 가치가 과소평가되었다고 지적하며 환경

영향평가서 보완을 요구하였다. 2006년 새만금 방조제 최종 물막이 공사가 마무리된 후 당시 시행사인 한국토지공사가 육지 부분 진입로 공사 등을 추진하자 환경단체가 반대하면서 서천갯벌의 매립을 둘러싼 찬반 갈등이 거세게 일어났다. 갈등 끝에 2006년 말 국무회의에서 대안사업 필요성이 제기되고, 2007년 2월 국립생태원, 국립해양생물자원관, 장항국가산업단지(내륙산단)를 조성하는 3개 대안 사업안이 마련되고, 2007년 5월 서천군이 정부안을 수용하면서 갈등이 해소되었다.

한편, 일제 강점기인 1930년대 장항항 개항, 경남철도 개통, 장항제련소 가동으로 인구가 늘어났던 장항은 해방 후 일본인들이 빠져나가면서 쇠퇴하기 시작했다. 장항제련소는 남아서 국영기업으로 운영되고 1971년 이후 민영화되는 등의 변화를 겪으면서 규모가 축소되었다. 1990년 금강하굿둑 완공으

로 육로로 군산을 오갈 수 있게 되면서 장항항에서 출발하는 여객선도 폐지되면서, 장항항 기능은 쇠퇴하였다.

장항항의 하역능력은 2,040천 톤으로 평택·당진항(91,990천톤), 대산항(13,050천톤), 태안항(10,640천톤) 등에 비해 매우 낮은 하역능력을 보유하고 있다. 금강 퇴적물로 인해 수심이 낮아 대형선박의 접안이 어렵고, 수출입 선박보다 연안 선박의 비중이 높아 물동량도 낮은 수준에 그치며, 어선이 증가함에 따라 접안시설 및 항 내 수면적이 부족한 상태이다. 이에 따라 장항항은 무역항의 기능이 쇠퇴하여 항만 및 배후지역의 활성화를 위해 새로운 활용방안이 모색되고 있으며, 항만 재정비를 통해 배후지역과 연계된 친수공간 확보가 주요한 과제로 제기되어 왔다(충청남도, 2015, 해양수산발전계획). 충남

해양수산발전계획(충청남도, 2015)에서는 장항항을 노후 및 유실된 호안을 정비하여 친수 문화 · 여가 공간 등을 갖춘 녹색항(Green Port)으로 조성하는 방안이 제시되었다. 친수 호안정비(828m), 침수 방지시설 설치(3,589m), 물양장 축조(820m), 군산 · 장항항 항로준설(2,770만m^3), 일반부두 추가 조성(2만 톤급 1선석) 등의 내용을 포함하고 있다.

땅과 바다를 아프게 하는 제련소와 발전소

앞에서 살펴본 금강하구의 산업단지와 항만 개발이 갯벌을 메워서 금강하구의 건강성을 약화시켰다면, 일제 강점기에 세워진 장항제련소와 해방 후 건설된 화력발전소는 토양, 대기, 해양에 오염물질을 배출하면서 금강하구 생태계에 영향을 미치고 있다.

장항제련소의 보이지 않은 피해

일제는 1930년대 중국침략을 앞두고 석유, 철강, 기계 등의 전략물자 수입을 위해 금이 필요했다. 이를 위해 금광을 개발하는 한편 대규모 제련소를 건설하고자 하였다. 1936년 조선제련주식회사로 설립된 장항제련소는 1915년에 건립된 진남포 제련소와 1933년 건립된 흥남제련소와 함께 3대 제련소 중의 하나였다. 1936년 주요 공장과 용광로 설비가 완성되었고, 1937년 1월 전망산 위에 100미터 높이의 굴뚝이 세워졌다. 장항제련소 굴뚝은 해방 후 교과서에 실릴 정도로 국내 산업을 대표하는 상징이기도 했다(대전일보, '일제 수탈 상처 기록 서천 장항제련소, 2016.7.13.).

생산품은 계속 바뀌었는데, 일제 강점기에는 동 제련만을 담당하였으나, 1964년에는 연 제련시설을 설비했고, 1984년에는 주석 제련을, 1988년에는 동파이프 생산 설비를 준공하였다. 1989년에는 용광로 공정을 폐쇄하고 전기동을 생산하는 공정으로 전환하였고, 1990년에는 연 제련 공정도 폐쇄하였다. 장항제련소 운영업체도 계속 변경되었는데, 해방 후인 1947년 상공부 직영업체로 국유화되었다가 1962년 한국광업제련공사로 재설립되었으며 1971년 민영화되어 금성사와 대한전선이 공동출자한 한국공업제련이 운영하였다. 1999년 이후에는 LG금속과 일본계 기업이 합작한 LG니꼬동제련이 운영하다가 2004년 LS니꼬동제련으로 회사명을 바꾸었고, 2010년부터 LS메탈 장항공장으로 운영되었다.

생산 규모도 계속 증대되었는데, 설립 당시 제련능력이 연간 1천5백 톤에 불과했으나 해방 후 계속 확장되어 1974년 1만5천 톤, 1976년 5만 톤 규모에 이르렀다. 장항제련소가 확장되면서 장항제련소는 장항항 물동량의 80%를 차지하기에 이르렀으며, 1964년 장항항이 국제항으로 승격하는데 기여하기도 하였다.

하지만 장항 지역경제의 핵심이던 장항제련소는 환경오염 피해를 일으키는 주범이기도 했다. 주민들은 1980년대 초부터 기독교 농민회 등과 함께 농번기 용광로 가동 일시중지, 농작물 피해보상 등을 요구하는 등 환경오염 피해에 대해 문제를 제기해 왔다(김도균, 2014). 주민들의 저항과 환경규제 강화에 따라, 1989년 LG금속은 업종을 전환하여 동 생산을 중단하고 오래된 용광로도 폐쇄하였다. 당시 장항제련소는 용광로에서 발생하는 아황산가스의 농작물 피해 보상비와 배출부과금 등으로 연간 14억 원을 부담해 오고 있었다.

장항제련소가 주변 지역에 남긴 피해는 대기오염에 그치지 않았다. 1936년부터 1989년까지 장항제련소가 운영되는 동안 비소와 카드뮴 등의 치명적인 중금속은 해안가 120m 바위산에 솟은 높이 90m 굴뚝을 통해 비산되어 바람을 타고 주변 지역 토양을 오염시켰다. 중금속에 오염된 토양은 주변 지표수와 지하수를 통해 확산되며 농작물을 오염시킨다. 이러한 사실은 오랫동안 공론화되지 않은 채 남아 있었다. 2004년 LS니꼬동제련이 서천군에 자동차 폐기물 소각 사업 신청을 하고, 서천군과 주민들이 환경문제를 이유로 반대하는 과정에서 제련소에 의한 토양오염 문제가 주목을 받았다. 제련소 용광로를 폐쇄한 지 17년이 지난 2007년에 토양오염의 심각성이 지역 언론을 통해 보도되면서 널리 알려져 전국적인 관심을 받게 되었다.

이에 따라 정부는 2009년 7월 '구)장항제련소 주변 지역 토양오염 개선 종합대책'을 마련하였다. 2015년 12월 토지매입(110만4000㎡, 매입비 958억)이 완료되고, 2017년 12월까지 '토지이용계획 예비타당성 조사 및 수립'을 마친 후, 2019년 11월 매입구역 오염 토양 정화사업을 마무리하는 일정으로 추진되고 있다. 중금속 오염이 덜한 장항제련소 반경 1.5~4km 지역은 토지를 매입하지 않고 2016년까지 우선 정화한 후 농경지와 거주지로 계속 사용할 수 있도록 하였다. 오염이 심각한 반경 1.5km 내 지역은 주민들을 이주시키고 토지를 매입하여 2019년까지 정화한 후 친환경 이용계획을 세워 개발하고자 하였다. 현재, 오염으로부터 정화된 토지를 인공 습지로 조성하여 생태 공간으로 활용하는 방안이 논의되고 있다.

화력발전소와 어업 피해

장항제련소와 함께 군산시와 서천군에 위치한 화력발전소의 건설·운영도 살펴볼 필요가 있다. 군산시에는 1968년 가동을 시작해 2004년 폐쇄된 군산화력발전소와 이를 대체하여 2010년 준공된 군산복합화력발전소가 있다. 서천군에는 1983년 준공되어 2017년 폐쇄된 서천화력발전소 1, 2호기와 2020년 준공 예정인 신서천화력발전소가 있다. 군산화력은 금강하구에 위치하고, 서천화력은 서천갯벌 북쪽의 마량리에 위치하고 있다. 장항제련소가 일제 강점기 수탈의 역사에서 시작하여 해방 후 산업화 시기를 거치면서 주변 토지와 사람들에게 보이지 않는 영향을 끼쳤다면, 화력발전소는 70년대 산업화 시기에 시작하여 현재까지 금강하구의 삶과 생태에 영향을 미치고 있다.

군산화력발전소는 '제1차 전원개발 5개년 계획'을 통해 전북과 전남 지역의 전력 부족을 해소하기 위해 추진되었으며, 1965년에 착공되어 1968년에 완공된 설비용량 75MW 규모의 무연탄 및 중유 혼소 발전설비였다. 이후 1979년에 설비용량 50MW 규모의 가스발전설비를 추가하여 첨두부하용 또는 비상용으로 활용하였다. 가스발전설비는 1998년에 폐지되었다. 무연탄 및 중요 혼소 발전설비도 2004년 폐지되었고, 2010년에 동일 부지에 설비용량 780MW 규모의 가스복합화력발전소를 준공하였다. 군산화력발전소는 군장국가산업단지 등에 연간 30억kWh의 전력을 공급하게 된다. 서천군민들은 군산화력복합화력발전소 건설 계획에 대해 금강하구 생태계를 악화시킬 것이라 반대하였다. 서천군민들은 2010년 준공 이후에 발전소 냉각용수 취수 과정에서 소형 어종 폐사가 발생하고, 발전소의 온배수로 배출로 인해 금강하구 해역의 수온이 올라 김 양식 등에 영향을 미친다며 발전소 가동중단을 요구하기도 하였다. 온배수 피해에 대해서는 군산시의 어민들도 동참하였다.

서천군에는 1984년부터 설비용량 200MW급 석탄화력발전소 두 기가 운영되어 왔다. 나중에 충청남도 보령시, 태안군, 당진시에 지어진 석탄화력발전소들이 수입한 유연탄을 연료로 사용하는 반면, 서천화력발전소는 국내에서 생산된 무연탄을 연료로 사용했다. 국내 중소 탄광을 개발을 활성화하여 유연탄 수입으로 인한 외화를 절약하겠다는 명분이었다. 서천주민들과 어민들은 야적된 무연탄 및 굴뚝에서 배출되는 먼지로 인한 건강피해와 온배수 배출로 인한 김 양식 피해 등에 대해 문제를 제기해 왔다.

어민들은 행정 경계를 넘어서는 발전소 온배수 피해 등을 염려하고 있다. 발전소 건설 계획과 추진 과정에서 환경영향평가의 공간적 범위 및 검토는 행정 경계 내에서만 이루어지고 있어 절차와 관련한 갈등이 심화되기도 했다. 발전사업자들은 발전소 주변 지역에 대해 법적으로 의무화된 지원 외에 지자체 및 주민들과의 상생 사업(본사 이전, 온배수를 양식업에 활용하는 방안 등)을 구상하기도 하였다.

현재 국내 전력생산 부문에서 대규모 발전사업자들은 의무적으로 신·재생에너지를 일정 비율 이상 생산해야 하는데, 이로 인해 대규모 해상풍력이 하구역이나 해안지역에 계획되고 있다. 해상풍력은 기후변화에 대응이라는 차원에서 긍정적인 옵션이지만 철새들의 이동을 방해하거나 경관을 해치거나 소음을 유발하는 등 부정적인 압력요인을 일으킬 수 있다. 해상풍력 설치로 인한 편익은 발전사업자나 건설업자에게 대부분 돌아갈 뿐 지역주민이나 지역경제에 주는 혜택이 크지 않다는 점도 갈등 해소를 어렵게 한다. 비슷한 이유로 서해안 지역에서 대규모 조력발전 건설 계획이 추진되었으나 환경 파괴 및 어업 피해를 우려하는 환경단체와 지역주민들의 반대로 진행되지 못하고 있다.

금강하굿둑, 끝나지 않은 개발사업

일제 강점기와 해방 후 농업 증산 계획

일제는 토지 조사사업을 실시해 농민들의 농지를 수탈하고 간척을 통해 새로운 농지를 확보하여 자국의 부족한 식량을 공급하고 군량미를 확보하고자 하였다. 이를 위해 세 차례의 산미증식계획(1차 1918~1926년, 2차 1926~1933년, 3차 1940년 이후)을 추진하였다. 산미증식계획에는 토지 개량사업(관개개선, 지목변경, 개간, 간척)과 농사 개량사업(우량품종보급, 시비증대, 경종법 개선)이 주를 이룬다. 해방 후 정부는 민생 문제 해결의 관건이 농업 증산에 있다고 판단하고 '농업 증산 3개년 계획(1949~1951년)'을 실시하였다. 일제 시기와 마찬가지로 개간, 간척, 지목변경, 경지정리를 통한 농지면적 확장과 종자 개량, 경종법 개선, 비료 증시를 통한 단위 면적당 수량 증대가 주요 수단이었다. 이 계획은 전쟁으로 인해 제대로 추진되지 못하였는데, 1952년에 '농업 증산 5개년 계획'을 2차에 걸쳐 수립하였고, 3차 '농업 증산 5개년 계획'부터는 1962년 시작된 '제1차 경제개발 5

개년 계획'의 일환으로 추진하였다. 해방 직후 계획과 마찬가지로 간척과 관개개선에 의한 면적 확장과 토지 개량, 비료 증시, 경종법 개선 및 품종개량, 병해충 방제에 의한 수확량 증가를 도모하였다. 식량 사정이 나아지지 않자 1964년 정부는 1968년까지 식량을 자급하고, 1969년부터 잉여 양곡을 수출하겠다는 목표로 '식량 증산 7개년 계획(1965~1971년)'을 다시 수립하였다. 1967년과 1968년의 극심한 가뭄으로 벼농사가 흉작을 겪게 되자 가뭄대책으로 지하수 개발을 강력히 추진하게 되었다. 그 결과 수리안전답 비율이 1957년 58%에서 1971년에는 81%로 높아진다(국가기록원, '식량 증산').

농업 증산을 위한 수단으로 금강하굿둑 건설

금강하굿둑 사업은 수리안접답 비율을 높여 가뭄에 대응하고 식량 자급을 이루겠다는 정책과 연관된다. 정부는 지하수 개발만으로는 가뭄 대응에 한계가 있다고 인식하면서, 대단위로 농업용수를 개발하는 사업으로 방향을 바꾸었다. 정부는 관개 배수, 토지이용 제고, 영농구조 개선, 유지 · 관리까지를 겸한 복합적인 사업으로 '대단위농업종합개발사업'을 계획하였으며, 1971년부터 한강, 금강, 낙동강, 영산강 등 4대강 유역을 대상으로 사업을 추진하였다.

이 사업은 4대강을 수계별 대단위로 구획하여 농업용수 개발, 경지정리, 배수 개선, 간척 등 관개 및 토지 개량사업을 실시하고, 이와 함께 지구 내 농촌의 영농 개선, 농촌 전화, 환경 개선 등 관련 개발사업을 종합적으로 추진하는 방식이었다. 사업의 효과적인 추진을 위해 정부는 '농촌 근대화 촉진법'을 제정했고, 농업진흥공사(현 한국농어촌공사)를 설치하여 대단위농업종합개발사업을 책임지도록 하였다. 충청남도에서는 아산 방조제, 삽교천 방조제, 대호 방조제가 건설되었으며 금강하굿둑 사업도 이 사업을 통해 추진되었고, 민간에서도 서산A, B지구의 대단위 간척사업을 추진한 바 있다(국가기록원, '식량 증산').

금강지구 대단위농업개발사업은 하굿둑을 축조하여 수자원 확보 및 금강하류연안 염해·침수피해를 경감하는 1단계 사업(금강 I 지구 사업)과 금강호 용수를 이용한 관개개선, 농업기반 정비 등을 통해 농업 생산성 및 경쟁력을 높이는 2단계 사업(금강 II 지구 사업)으로 구성된다. 금강하굿둑 건설이 중심인 1단계 사업은 1983년에 시작되어 1990년에 완료되었으며, 김제평야까지 수로를 연결하는 2단계 사업은 1989년에 시작되어 2020년까지 시행 중에 있다.

이렇듯 대단위농업종합개발사업(금강지구)의 대상지는 금강하굿둑 인근 서천과 군산의 농지에 국한되는 것이 아니라 서천과 군산의 농지 외에 더 멀리 익산과 김제 일원까지 포함해 대상 농지면적은 43,000ha에 달한다. 군산, 익산, 김제 지역은 용수 부족으로 자연급수가 불가능하여 소형 양수장에 의해 용수를 이용하고 있었다. 한국농어촌공사는 금강하굿둑 건설로 이러한 농업용수 부족 문제는 대부분 해소되었다고 보고 있다.

금강호 농 · 공업용수 공급현황(2013년도)		
구분	농업용수	공업용수
공급구역	전북 27,670ha 충남 14,680ha	군산국가산단 풍농장항산단
공급량	4억 1500만㎥	3,200만㎥

자료: 한국농어촌공사 금강사업단 내부자료

금강하굿둑 건설로 서천, 군산, 익산, 김제 지역의 부족했던 농업
용수를 안정적으로 확보할 수 있었지만, 하굿둑 건설로 인해 하천수
가 바다로 흘러가고 바닷물이 강을 거슬러 오르면서 형성되는 기수
역이 없어지고, 기수역이 제공하는 생태계서비스도 약화되고 있다.
금강하굿둑은 1990년 10월이 완공되고, 용수 취수시설과 기반 조성
사업이 완공되기 전까지는 배수갑문이 개방되어 해수가 유통되다가
1994년 10월에 배수갑문이 완전히 폐쇄되었다. 이후 금강하굿둑으
로 만들어진 금강호 안에 영양염류가 쌓이면서 수질은 악화되고, 바
다로 제공되던 영양염류의 양은 줄어들었다. 또한, 썰물 때 쓸려 내
려가야 할 토사가 금강하굿둑 안과 바깥에 퇴적되었다. 이로 인해 바
다와 금강을 오가던 참게, 실뱀장어, 웅어와 같은 기수역 어종이 줄
어들고 이를 잡아 생활하던 어민들의 생활도 어려움을 겪게 된다.

금강으로부터 바다에 제공되는 영양염류의 양이 변하면, 서천군
의 연안에서 발달한 김 양식에 영향을 미치게 된다. 조선 시대부터
금강하구는 낙동강하구 및 섬진강하구와 함께 3대 김 생산지였다.
1481년에 간행된 신증동국여지승람에서도 비인면에서 김 양식을

했다는 기록이 나온다. 1960년대 일본에서 양식기술이 도입되면서 양식산업이 본격적으로 시작되었고, 1980년대부터 기계화에 따라 대규모 시설이 가능하게 되었다. 서해안 연안에서 김 양식은 1980년대 이후로 크게 늘어났으며, 1990년대 이후 어촌의 인구가 감소하면서 김 양식은 기업적 형태로 바뀌게 되고, 면허보다 초과된 시설물 설치가 늘어나고 있다. 2019년 현재 서천군에서 김 양식 면허는 3,333ha에 27건이며 총시설량은 71,839(1책=2.2m×40m)책이다. 하지만 이 가운데 261책은 면허보다 초과된 시설이며, 31,496책은 무면허 시설로 추정된다. 과도한 시설 설치는 장기적으로 어장환경을 악화시키는 요인이 될 수 있다. 특히 전국의 김 양식장에서 금지된 무기염산 등의 살포가 여전히 문제되고 있다. 금강하구 연안에서 김 양식이 대규모로 이루어지면서, 김 양식에 영향을 미치는 활동들(담수 배출량, 발전소 온배수 등)과 관련한 갈등이 더욱 빈번하게 발생하고 있다. 일례로, 2010년 이후로 양식되는 김이 질병에 걸리는 일(황백화)이 빈번하게 발생했는데, 전문가들은 가뭄 등으로 인해 금강하굿둑의 방류량이 줄어들고 이에 따라 영양염류(질소) 배출량도 줄었기 때문으로 분석하고 있다(김영식 외, 2018).

금강하굿둑 건설 이후의 개발사업들

금강하굿둑 건설 후에도 하굿둑 바깥에서는 군산 신항 증축, 북측 도류제(1997) 건설, 군산국가산업단지 및 군산일반산업단지 조성, 군산LNG복합화력발전소 건설(2009년), 군산항 내항 준설토 매립을 위한 군산 해상매립지 조성(2012년), 동백대교 건설(2018) 등 대규모 시설 사업들이 연이어 완공되었다. 금강하굿둑 건설 이후 계속된 대규모 시설 사업들이 남아 있던 갯벌을 간척하고 금강하구와 연안의 물 흐름을 크게 바꾸었다. 생물들의 서식지는 더욱 축소되고 바뀐 물흐름에 따라 금강하구 지역에 토사가 퇴적되어 어선들의 이동과 항만 이용이 어려워지고 연안 갯벌 지형과 퇴적물 조성도 바뀌게 되었다. 금강의 환경 변화, 생물종의 변화, 수산업과 어민들의 생활 변화는 3장과 4장에서 자세히 다룰 것이다.

금강하굿둑 건설 이후 준공된 대규모 시설물		
시설명	준공시기	주 목적
금강하굿둑	1990년	충남 · 전북에 농 · 공업용수 공급
북측도류제(북, 남방파제)	1997년	군산 신항만 기반조성용
국가산업단지	2007년	군산산단(1995년), 군산2산단(2007년)
군산LNG복합화력발전소	2009년	전력생산
새만금방조제	2010년	농지(30%)와 산업복합단지(70%) 조성
군산신항만 제3~제7부두	2011년	항만 시설 증축(1995년~2011년)
군산해상매립지	2012년	군산항 내항 준설토 투기장
동백대교	2018년	서천-군산간 교통

금강하구 두 도시, 군산과 서천의 다른 이야기

군산시와 서천군의 공통점과 차이점

일제 강점기 군산항 개항과 더불어 성장한 군산시는 갯벌 매립을 통한 산업단지 조성을 지역경제 성장의 주요 방향으로 설정했다. 군산시는 1899년 군산항 개항과 일제 강점기에 일본인들의 간척사업, 토지 수탈, 미곡 수탈의 전초 기지 역할을 담당했다. 일본인들은 농업 수탈을 위해 도로 확충, 관개시설 건설, 철도 건설, 항만 개발, 제조업(정미와 양조 중심) 개발을 추진했다. 이 때문에 1945년 해방 이후 군산의 지역경제는 인접 도시들보다 활발해 1965년에는 인구밀도가 전국 3위에 달할 정도였다. 하지만 이후 1980년대 중반까지 전라북도 전체가 국가 주도 개발 축에서 벗어나 있으면서 지역경제 규모가 상대적으로 줄어들게 된다. 1980년대 후반 낙후된 서해안 지역의 개발을 촉진하기 위한 서해안 개발사업이 추진되었다. 이때 가장 큰 사업이 군산국가산업단지와 군장국가산업단지 조성사업이며, 이를 위한 기반시설 개발이 금강하굿둑과 간척을 통한 군산외항 토지 개발사업이었다(디지털군산문화대전, '지역 산업의 변천').

서천군은 옛날부터 넓은 평야, 하구, 연안을 중심으로 농업과 어업이 지역경제의 중심이었다. 다만, 군산시와 마찬가지로 일제 강점기 이후 간척을 통해 조성된 장항읍 지역은 항만, 산업단지, 철도 등의 기반시설을 갖춘 공업도시로 변모했다. 서천군은 오래전부터 금강하구에 인접한 서천읍, 한산면, 비인면이 지역경제의 중심지였으며, 일제 강점기 이후에는 장항읍이 서천읍과 더불어 상대적으로 서천 지역경제에서 큰 비중을 차지하였다. 하지만 군산시가 1980년대 후반 이후 대규모 투자를 통해 군산외항 개발 및 국가산업단지 조성을 추진했지만, 장항읍은 장항항 재개발이나 국가산업단지 조성이 지지부진하여 장항읍뿐만 아니라 서천군 전체의 지역경제가 낙후되는 모습을 보였다.

금강하굿둑이 건설되기 전 선착장이나 포구를 통해 배로 교류하던 시기에는 농업, 어업, 상업 등의 경제 활동이 서로 크게 얽히지 않았으나, 금강하굿둑이 막히면서 하구 내 어업 활동이 어려워지는 동시에 지리적으로 가까워지면서, 오히려 갈등이 발생한다. 서천군은 군산시와 비슷한 경로를 따라갈 수도 있었으나 성장세가 멈춰버린 장항읍을 보며 상대적인 박탈감을 느끼면서 지역경제가 군산시에 예속되는 것에 불안해한다. 서천군은 금강하굿둑으로 인한 용수공급 편익은 군산시가 대부분 가져가지만 토사 퇴적으로 인한 장항항 기능 저하 등 부정적인 비용은 서천군이 떠맡는다고 생각한다. 서천군은 일제 강점기 때 그어진 해상경계로 인한 어업 활동 제한 때문에 해상경계를 재조정하거나 공동조업 구역을 만들자는 주장을 하며, 금강하굿둑을 개선하여 해수가 유통되도록 만들어 수산자원 회복,

장항항 기능 회복, 생태관광 자원 개발을 꾀하고자 한다. 군산시는 서천군이나 서천군민들이 제기했던 군산복합화력발전소 신설 반대, 금강하굿둑 구조개선, 금란도 개발 반대, 해상풍력발전 건설 반대, 해상경계 재설정 요구 등이 불합리하다고 생각한다.

이렇듯 금강하구를 사이에 둔 군산시와 서천군은 일제 강점기 일제의 농지와 쌀 수탈을 위해 갯벌이 간척되고 항만이 건설되고 도로와 철도가 놓이고 곡물 가공산업이 성장했다는 공통점을 지닌다. 해방 후 점점 쇠퇴하다가 1980년대 이후 국가산업단지 건설과 항만 확충을 통해 지역경제 활성화를 모색했다는 점도 공통적이다. 하지만 군산시에서 군산국가산업단지와 군장국가산업단지(군산지역)가 개발됐지만, 서천군에서는 일제 강점기부터 운영되어온 장항제련소가 폐쇄되고 군장국가산업단지(장항지역) 개발도 보류되다가 2007년 취소되어 대안사업(국립생태원, 국립해양생물자원관, 장항국가산업단지 조성)으로 변경되었다는 차이를 보인다. 이는 사회경제적 측면에서 금강하구에 대한 인식 변화를 가져오는 중요한 계기가 되었다. 2007년 이후 군산시와 서천군은 서로 다른 시각으로 금강하구의 미래를 그리기 시작한다.

군산시와 서천군의 인구와 경제

군산시는 1990년대 군산국가산업단지에 입주한 자동차(대우자동차) 및 기계 산업, 2000년대 군장국가산업단지에 입주한 조선업(현대중공업)을 중심으로 지역경제가 성장해 간다. 1996년 당시 대우자동차(현 한국GM)는 소룡동 앞바다를 간척해 만든 군산국가산업단지에 입주하여 그해 12월 '대우 누비라 1호 차'를 생산하기 시작했다. 2011년에는 연간 고용인원이 1만2천여 명, 협력업체가 130여 곳에 달했다. 한편 현대중공업 군산조선소는 2010년 군장국가산업단지에 입주했다. 2008년 당시 전라북도의 보도자료 '현대중공업 군산조선소 착공'(2008.5.7.)을 보면, 현대중공업이 1조2천억 원을 투자해 연간 18~20만 톤급 28척 건조, 매출액 3조 원의 대형 조선소를 건설할 것이며, 신규 고용 창출 1만1천 명(회사 내 8,400명, 협력사 2,500명), 인구 유입 3만여 명이 예상된다고 기대하고 있다. 실제 군산조선소의 실적은 기대보다 낮았는데, 그럼에도 노동자 5,250여 명, 협력업체 86개에 달했으며 매년 10척 안팎의 선박을 건조하고 연간 8천억 원의 매출을 올렸다.

전라북도와 군산시는 현대중공업 유치를 위해 매우 적극적인 노력을 기울였는데, 당시 인구 3만 명 증가는 매우 큰 기대였기 때문이다. 1995년 통합된 옥구군의 인구를 포함한 군산시의 인구는 1955년 21만 명 수준이었으며, 1995년 통합 당시 27만 명 수준인 인구(군산시 20만 명, 옥구군 7만 명)는 26만 명에서 28만 명 사이에서 유지되고 있었다. 이런 상황에서 인구 3만 명 증가는 지역사회 활성화에 크게 기여하리라고 보았다. 실제로 군산시는 1980년대 말부터 나운동, 수송동, 미장동 등에 대규모 아파트 단지가 지속적으로 건설됐다.

1980년대 말부터 대기업 건설사를 중심으로 민영 아파트 단지가 나운동에 지어지기 시작했는데 이때부터 1990년대 후반까지 15층 이상 규모 대규모 아파트 단지가 나운동을 중심으로 지어졌다. 당시 최대의 아파트 단지는 1995년 7월에 준공된 주공 5단지 아파트로서 15층 아파트 12동으로 구성된 1,541세대 규모였다. 2000년대에 들어서면서 나운동을 벗어나 수송동의 택지 개발사업 지역으로 아파트 단지가 확산되었다. 수송동에 아파트 단지가 집중적으로 지어진 것은 2000년대 후반이었다. 대부분 20층 아파트로 구성된 300세대~700세대 규모의 아파트 단지가 집중적으로 지어지면서 수송동이 군산의 새로운 도심으로 자리 잡기 시작하였다. 그리고 2010년대에 들어서면서 미장동의 택지 개발이 본격화되기 시작하였다.

- 디지털군산문화대전, '택지개발사업'

하지만 지역사회 성장에 대한 기대에도 불구하고 현재 군산시의 인구는 27만 명에 그치고 있다. 이는 군산시 내 산업들이 계속 성장하지 못하고 부침을 반복했기 때문이다. GM대우 군산공장은 2011년 자동차 26만 대 수출을 정점으로 2013년 15만 대, 2017년 3만 대에 그치고 공장 가동률도 20% 이하로 떨어졌다. 결국, 2018년 한국GM 군산공장은 폐쇄되었다. 초대형 원유운반선(VLCC)에 특화되어 있던 현대중공업 군산조선소 또한 일감 감소로 2017년 가동을 중단했다. 군산 지역경제의 버팀목이었던 자동차산업과 조선산업이 쇠락하면서 부동산, 상업 등의 쇠퇴로 이어져 군산경제의 위기를 경험하고 있다. 스웨덴 말뫼의 조선소 폐업에 따른 지역경제 침체를 '말뫼의 눈물'이라 부르듯, 군산의 조선소와 자동차 공장의 폐쇄를 '군산의 눈물'이라 부르는 기사들이 나타났다. 청와대 국민청원 게시판에 '군산의 눈물'이라는 청원이 올라오기도 했다.

이에 따라, 전라북도와 군산시는 풍력 발전 및 태양광 발전 등 재생에너지 산업과 전기자동차 및 상용차 자율주행 · 부품클러스터 등 새로운 분야로 산업구조를 재편하기 위한 방안을 모색하고 있다. 대통령 직속 국가균형발전위원회 위원장도 2019년 5월 군산시를 방문한 자리에서 "군산의 눈물이 기쁨의 눈물이 될 수 있도록 뛰겠다"라고 밝히기도 했다.

서천군은 1970년대 초 인구가 14만 명을 기록하였으나 1970년대 중반 이후 인구가 줄어 현재는 5만3천여 명에 불과한 상황이며, 2022년에는 5만 명 이하로 줄어들 것이라 예상되고 있다. 현재 서천군은 인구정책추진위원회를 구성하는 등 인구 유출 및 고령화 등으로 인한 인구감소 문제 해결을 최우선 과제로 설정하고 있다. 그런데, 서천군의 인구감소 요인 중 금강하굿둑 건설이 어느 정도 영향을 미친 것으로 보인다. 금강하굿둑이 건설된 1990년 당시 서천군 인구는 10만 명 선이었는데, 금강하굿둑 건설로 서천과 군산 사이에 도로 통행이 가능해지자 서천군의 인구가 군산시로 급속히 이동하면서 1993년 9만 명 이하, 1999년 8만 명 이하로 떨어지고, 2003년에는 7만 명 이하로 줄어들었다.

금강하굿둑 건설 이후 인구가 급속하게 줄어들고 있는 상황에서, 2006년과 2007년 당시 오랫동안 진행되지 못했던 군장국가산업단지 건설 진행 여부는 갯벌의 보전과 개발을 둘러싼 찬반을 넘어, 지역발전의 미래 방향을 결정하는 매우 큰 쟁점이었다. 이미 서천군은 2002년부터 시작된 지방자치 민선 3기에서 서천군의 비전으로 '어메니티 서천'을 제시한 바 있다. 그런데도 2006년 당시 서천군에서도 서천갯벌을 매립해 군장국가산업단지를 건설하겠다는 사업을 적극 지지했던 데에는 서천군의 인구 감소라는 여건이 반영되었을 것이다. 논쟁 끝에 2007년 서천군은 서천갯벌을 매립해 군장국가산업단지를 조성하는 대신 서천갯벌을 보전하고 국립생태원, 국립해양생물자원관, 장항국가산업단지를 조성하는 것으로 방향을 선회했다. 2013년 11월 국립생태원이 개원하였고, 국립해양생물자원관은 2015년 4월에 개관하였다. 장항국가산업단지는 2019년에 완공될 예정이다. 서천군은 국립생태원과 국립해양생물자원관을 찾는 관광객이 늘어나면서, 기존의 관광 거점들(신성리갈대밭, 송림갯벌, 춘장대해수욕장, 금강하굿둑 일원 등)에 대한 투자를 늘리고 있다. 서천군은 이미 2008년 산업단지 조성을 위해 없어질 위험에 처했던 서천갯벌을 습지보호지역으로 지정한 바 있으며, 최근에는 국제적 멸종위기종이 포함된 도요물떼새가 찾아오는 주요 거점인 서천갯벌과 유부도 일대를 유네스코 세계자연유산에 등재하는 사업도 추진하고 있다.

금강하구의 미래를 둘러싼 군산시와 서천군의 갈등

처한 여건과 지역의 발전상이 다른 군산시와 서천군은 금강하구의 미래와 관련하여 갈등을 겪게 된다. 해상경계를 둘러싼 갈등, 금강하구 해수유통 관련 갈등, 금란도 등 개발사업을 둘러싼 갈등이 대표적이다.

먼저, 해상경계와 관련한 갈등이다. 이미 1980년대 초부터 충청남도와 서천군은 서천군과 군산시 앞바다의 해상경계가 부당하다는 문제를 제기해 왔으며, 2010년 이후 충남도의회와 서천군의회에서 공식적으로 문제를 제기하였다. 서천군 앞바다는 근해만 서천군 행정구역에 속할 뿐, 어청도, 개야도, 연도, 죽도 등 외곽 바다는 군산시 행정구역에 속해 있다. 서천 지역 어민들은 서천군 앞바다임에도 어청도 인근 등 군산해역으로 설정된 해역에서는 어업을 할 수 없으며, 서천군 어민들이 이 해역에서 조업을 하다가 적발되서 벌금을 물기도 했다. 충청남도와 서천군은 해상경계가 일제 강점기 군산항의 이용 편리를 위해 설정된 행정 경계였다는 점에서 지리적 위치에 따라서 해상경계를 재설정하거나 최소한 공동조업 수역으로 설정하여 어민들의 불편함을 줄여야 한다고 주장한다. 반면 군산시는 일제 강점기인 1914년 행정구역 개편 시 강경군 일부가 충남도에 편입되는 대신 어청도가 옥구군(현 군산시)에 편입되었으며, 1953년 수산업법 제정 당시부터 국립지리원 지도를 근거로 어업관련 인허가를 하고 있어 관습법에 해당한다고 주장하면서 공동조업 수역 설정이나 해상경계 재설정에 반대하였다.

해상경계와 관련된 갈등은 전국에서 발생하고 있지만, 특히 금강 하구에서 해상경계 문제가 본격화된 계기로 금강하굿둑 건설 등으로 인한 연안 어족자원의 감소를 꼽을 수 있다. 대체로 금강하구 기수역과 갯벌에서 조업하던 서천군 어민들은 금강하굿둑 건설 이후 조업 가능한 지역이 줄어들고 어족자원의 양도 크게 줄어들게 되자 더 먼 바다인 군산해역까지 조업을 나갈 필요성이 커졌기 때문이다. 군산시 어민들도 2006년 물막이 공사가 완공된 새만금 간척사업으로 인해 군산 앞바다의 어족자원이 크게 줄어들어 어청도 인근 어장의 중요성이 더욱 커졌기 때문에 서천군 어민들이 진출을 용납하기 어려웠다. 이에 대해서는 3장에서 다룬 어민들의 인터뷰를 통해 확인할 수 있을 것이다.

다음으로 군산 내항의 준설토 투기장(해상매립지)을 활용한 개발사업 관련한 갈등이다. 군산항만청은 1980년부터 항로 확보를 위해 하구에 쌓인 토사를 준설해왔으며, 이 토사를 쌓아놓은 일종의 인공섬이 만들어졌다. 이 인공섬은 폭 470m, 길이 3.87km로 길쭉한 모양을 갖고 있으며 금란도라는 명칭을 갖고 있다. 군산시는 1996년 주거 및 상업용지 등을 조성하는 '군산해상신도시건설 기본설계'를 수립한 바 있으나, 2001년 군산항만청은 공원 및 관광단지를 조성하는 '군산해상매립지 일대 정비 및 개발 기본계획'을 수립하였다. 이에 따라 군산시는 2008년 '2020 군산도시기본계획'에서 시가화 예정용지(주거, 상업, 공원)를 보전용지(근린공원)로 변경하였고, 2009년 '해상매립지 타당성 조사 및 기본구상용역'을 통해 체육공원 등 항만친수시설로의 개발을 제시하였다.

이에 대해 서천군과 주민들은 준설토 매립장으로 쓰이는 해상매립지를 공원 등으로 개발할 경우, 따로 준설토를 적치할 수 있는 장소를 추가로 확보해야 하고, 이에 따라 침수 피해가 잦은 장항 지역의 침수피해 심화, 해수 교환율 저하에 따른 적조 피해, 오염부하량 증가에 따른 하구생태계 교란 등을 우려하면서 사업에 반대하였다. 군산시는 갈등 과정에서 해양매립지 개발이 신도시를 건설하는 사업이 아니라 공원 등 항만친수시설을 개발하는 사업임을 강조하면서 '해양도시'라는 용어를 쓰지 말 것을 요구한다. 해상매립지 개발로 인한 환경 영향이 서천군이 우려할 정도로 크지 않을 것을 강조하는 셈이다. 하지만 서천군은 이미 각종 개발사업으로 인해 금강하구의 생태적 회복력이 약화된 상황에서 우선적으로 필요한 사업은 추가적인 개발사업이 아니라 하구의 건강성을 되찾는 복원 및 보전 사업이어야 한다고 본다. 서천군의 입장에서 군산시의 대답은 여전히 금강하구를 개발사업의 대상으로 여기는 것으로 들릴 것이다.

해상매립지 건설 관련 갈등은 금강하구에 쌓이는 토사 문제와 연결되어 있다. 금강하굿둑 건설과 이후 진행된 도류제 건설 등으로 인해 유속이 느려져 금강하구에 쌓이는 토사가 늘고 있다. 군산해양항만청의 금강하구 수리현상변화에 대한 연구에 따르면 금강하구에서 하굿둑부터 군산외항에 이르는 3,767만m^2의 해역에서 연평균 600만m^3 이상의 토사가 퇴적되고 있다. 내항과 장항항 사이에 157만m^3, 장항항과 외항 사이에 164만m^3, 도류제 사이에 232만m^3, 군산항 외항박거에 61만m^3가 퇴적된다. 1994년 금강하굿둑 수문이 막히기 전에는 연간 352만m^3씩 퇴적되었던 토사가 갑절로 늘어난 것이다.

토사 퇴적으로 장항항과 군산 내항은 이미 항만 기능을 거의 상실하였으며, 군산 외항의 경우도 낮은 수심으로 인해 대형선박을 유지하는 데 어려움을 겪고 있으며 부두 가동률도 지속적으로 떨어지고 있다. 토사가 매년 600만m^3 이상 쌓이지만, 토사 준설을 위한 정부 예산은 매년 200억 원에서 300억 원에 불과해 절반 정도의 토사만을 준설하는데 그치고 있다. 현재 준설 예산은 연간 100억 원 이하로 감소한 상황이다. 이렇게 준설이 제대로 이루어지지 않을 경우 항만 시설사용료를 대폭 감면해야 한다는 요구도 나오고 있다.

유속 저하로 인한 토사 퇴적은 항만 기능에만 영향을 미치는 것이 아니다. 장항읍 등 저지대 지역은 인근 지대보다 낮은 저지대 환경사 지역으로 비가 많이 오면 물이 잘 빠지지 않아 침수를 겪어 왔으며,

해상 매립지(일명 '금란도')   사진: 서천군

특히 바닷물 수위가 가장 높은 백중사리 등과 겹치면 바닷물이 역류
하는 피해도 발생했다. 서천군은 장항읍에 침수피해가 반복되자
2013년부터 우수저류시설 3개소를 설치하였다. 장항읍 농지의 배수
개선 사업도 추진 중이다. 더불어 퇴적물의 성분도 금강하굿둑 이전
에는 주로 사질(모래)이었으나 이후에는 니질(진흙)로 바뀌고 있다.
도요물떼새들이 먹이활동과 휴식을 취하는 유부도 갯벌의 경우 백
합, 동죽, 바지락 등이 서식하기 좋은 모래펄이었으나 펄갯벌이 쌓이
면서 점점 어패류가 살기 어려운 환경이 되고 있다. 유부도 주민들의
주요 수익원이었던 백합잡이 활동도 줄어들고 있다.
　마지막으로 가장 첨예한 갈등은 금강하굿둑의 개방 또는 해수유
통과 관련한 사항이다. 금강하굿둑이 건설로 인한 생태환경과 사회

경제적 변화는 군산 지역보다는 서천 지역에 더 큰 영향을 미쳤다. 토사 퇴적은 하구 전 지역에 걸쳐 일어나고 있지만, 하굿둑의 배수갑문이 군산 쪽에만 설치되어 있어 물흐름이 없는 서천군의 장항항 근처에 더 많은 토사가 퇴적된다. 금강하구에서 군산 지역은 갯벌을 메우는 간척을 통해 만들어진 땅이었기에 갯벌에서 맨손어업에 종사하는 어민이 적었다. 반면 서천 지역은 갯벌이 남아 있어 연안어업이 활발하게 이루어졌기 때문에 금강하굿둑 건설로 인한 피해를 직접적으로 받았다.

서천군의 주요 관광지 중 하나인 신성리 갈대밭은 금강하굿둑 상류에 위치해 있는데 바닷물이 올라오지 못하면서 염생식물인 갈대가 잘 자라지 못하는 문제가 발생했다. 또한, 금강하굿둑 건설로 만들어진 금강호의 물은 충남도 및 서천군의 농경지보다는 군산시의 산업단지 및 농경지를 비롯한 전북 지역의 농경지에 주로 공급되었다. 금강하굿둑 건설로 군산시와 서천군 사이의 육로 교통이 편해지자 서천군의 인구가 군산시로 빠져나가는 현상까지 일어나기도 하였다. 이렇듯 서천군의 입장에서는 금강하굿둑 건설로 인한 편익은 별로 없는 반면 피해는 상대적으로 더 크게 받게 되는 셈이다.

이미 군장국가산업단지 개발을 위해 서천갯벌을 매립하려는 사업에 대해 찬반 논쟁이 시작되던 2006년부터 서천군에서는 금강하굿둑의 배수갑문을 헐고 물을 유통시켜야 한다는 주장이 제기되었다(뉴스서천, "금강하구둑 개설 그 이후", 2006.11.3.). 이미 금강호 내에는 홍수 시 각종 쓰레기가 떠내려오고, 토사가 쌓이고, 수질이 점점 악화되고 있었다. 금강하굿둑을 그대로 두면 금강호는 영산강 하굿둑의 영산호처럼 수질이 악화되어 농업용수로도 이용하지 못하게 될

금강하굿둑 배수갑문(군산측)

것이라는 우려가 팽배했다.

2009년 이명박 정부에서 4대강 사업을 추진하면서 금강하굿둑 해수유통이 쟁점화되었다. 서천군은 배수갑문 개방 시간 증대를 통한 해수유통만이 해결책이라고 인식했으며, 금강하구 해수유통을 포함한 여러 사업을 통해 '물길과 생태복원을 통한 세계적인 수변생태관광도시'를 조성하겠다는 '금강살리기, 금강하구권역 프로젝트(안)'을 발표하였다. 다만, 당시 이완구 도지사가 이끌던 충남도는 해수유통이 서천군에 바람직하기는 하지만 중앙부처, 전북도 및 군산시·익산시 등 주변 지자체와 농업용수 문제, 농경지 침수 문제 등에 대한 의견을 모으는 과정을 거쳐야 한다는 미온적인 입장이었다.

4대강 사업을 추진하던 국토해양부는 서천군이 주장하는 해수유통의 타당성을 검증하는 금강하구 수질개선 관련 연구용역을 2009

년부터 2011년까지 수행하기로 하였다. 이 와중에 한국농어촌공사
는 축산폐수로 오염된 만경강 물을 희석하기 위해 금강호와 만경강
을 연결하는 수로를 건설하여 금강호의 물을 만경강으로 끌어가겠
다는 계획을 발표한다. 오염된 만경강으로 인해 새만금 간척사업으
로 만들어지는 새만금호의 수질 목표를 달성하기 어렵다는 판단 때
문이다. 금강호와 만경강의 연결 수로 건설 사업이 추진된다면 금강
하구의 해수유통은 더더욱 불가능해지게 된다(뉴스서천, '군산, 금강
물 새만금 희석수로', 2009.12.19.). 즉, 2009년까지는 이명박 정부의 4
대강 사업에 대한 찬반 논쟁이 뜨거웠고, 4대강 사업에 금강하구 해
수유통을 반영하려는 서천군의 적극적인 요청이 있었다. 충남도는
미온적이었고, 한국농어촌공사와 전라북도는 금강호와 새만금호를
연결하는 수로를 만드는 방안을 검토하는 상황이었다.

  2010년 이후에는 충남도가 보다 적극적으로 금강하구의 해수유
통을 다루게 된다. 2010년 지방선거를 통해 안희정 도지사가 당선된
후, 충남도는 '4대강(금강) 사업 재검토 특별위원회'를 구성하였고,
도지사는 서천군을 방문한 자리에서 금강하구 해수유통을 적극적으
로 지원하겠다고 약속했다. 이어 2011년에는 충청남도 '금강비전기
획위원회'를 구성하여 4대강(금강) 사업에 대한 재검토 및 금강하굿
둑 대책 마련 등을 본격적으로 검토하게 된다. 금강비전기획위원회
는 앞서 국토해양부가 발주하여 2009년부터 진행한 연구용역인 '금
강하구역 생태조사 및 관리체계 구축연구'에서 해수유통의 대안들
이 충분히 검토되지 못했다는 점을 지적하며 재검토를 요구하기도
하였으며, 2012년에는 충남연구원에 의뢰하여 금강하구 해수유통
제안을 담고 있는 '금강비전'을 만들고, 2013년 3월 '금강비전 선포

식'을 진행하기도 하였다. 이렇듯 충남도가 금강하구 해수유통 방안을 적극적으로 지원하면서 서천군의 행정과 시민사회도 더 적극적으로 해수유통 필요성을 알리고 촉구하는 활동을 진행하였다.

서천군과 충청남도가 적극적으로 금강하굿둑의 해수유통을 주장했지만, 군산시와 전라북도는 금강호가 제공하는 농업용수를 안정적으로 공급할 방안이 마련될 경우에 해수유통을 검토할 수 있다는 입장을 고수하였다. 충청남도는 금강호의 농업용수 취수구를 상류로 이전하면 농업용수 공급이 가능하다는 의견을 제시하지만, 정부는 최소 7천억 원에서 최대 3조 원가량의 비용이 예상되어 경제적 타당성이 없다고 판단하고 있다.

한편 충청남도는 전라북도 및 정부와의 협력을 이끌어내기 위해 2012년 금강비전 연구 진행 과정부터 금강하구의 수질개선과 생태계 건강성 회복을 위한 '해수유통'이라는 맥락보다는 금강하구의 치수 안전성 확보를 위해 배수갑문 증설 및 운용체계 개편 등을 포함한 '하굿둑 구조개선'이 필요하다는 맥락을 강조하기 시작하였다. 금강하굿둑을 해체하거나 상시 해수유통을 시행하기 전에, 배수갑문이 없는 서천 측에 배수갑문을 추가하여 금강호 안팎에 쌓인 토사의 이동을 증진하거나 농업용수 이용이 가능하고 염해피해를 최소화하는 방식으로 배수갑문을 운용하는 방안을 우선 제안한 것이다. 금강하굿둑의 구조개선은 홍수로 인한 재해 위험을 줄일 수 있는 방안으로 제시됐다.

금강하구에서 완전한 해수유통이나 부분적인 해수유통이 토사 퇴적 문제, 양식 김 황백화 문제, 금강호 수질 문제, 회유성 수산자원의 회복 문제, 서식처 복원 문제의 해결을 위한 주요한 대안으로 인식되면서도, 금강하구 주변 농지의 농업용수를 안정적으로 공급하는 것이 여전히 중요하다는 점에서, 어업, 농업, 항만, 관광 등의 상생 방안 마련이 중요한 과제로 제기되고 있다. 그리고 아직까지 농업용수 이용과 관련한 명확한 모니터링과 평가가 이루어지지 않고 있다는 점이 협상이나 의사결정의 제약이 되고 있다. 또한, 농업용수의 관리가 농민들이 아닌 지자체나 한국농어촌공사의 사업단에 전적으로 맡겨져 있다는 점에서, 농업용수 사용과 관련해 농민들의 적극적인 참여를 이끌어낼 방안을 마련할 필요가 있다.

금강하구의 교착 상태를 푸는 열쇠

금강하구의 오래된 미래, 공통의 기억 찾기

금강하구의 역사와 문화는 지역의 정체성, 자긍심, 소속감 등을 형성하는 주요한 요소이다. 금강 하구역과 관련된 지역 정체성이나 소속감은 하구역 관리에 주민들이 적극적으로 참여하고 하구역의 문화유산이나 자연유산을 보전하고 복원하도록 추동하는 힘이 될 수 있다. 금강하구와 인접한 도시들 사이의 동질적이거나 유사한 역사·문화유산과 경험은 공동 활동을 촉진하는 매개체가 될 수도 있다. 금강하구에서 부여를 거쳐 공주와 세종시까지 연결되어 있던 포구와 장시, 이를 통한 교류 활동의 복원을 예로 들 수 있다.

한때 지역을 상징했지만, 이제는 사용되지 않는 시설, 물건, 장소의 기능을 복원하는 사업을 통해 공통의 기억을 만들어갈 수 있다. 오랜 시간 금강하구에 살면서 주민들의 기억에 남아 있는 생물문화적 가치와 전통생태지식을 발굴하고 공유함으로써 하구생태계를 복원하고, 지속가능한 금강하구를 만들어가는 데 의지를 모을 수 있을 것이다.

서해안에 거의 남지 않은 자연해안과 갯벌의 경우 옛날의 어업, 어촌 생활사를 보전하거나 재현할 수 있다는 점에서 중요한 요소가 될 수 있다. 최근 새만금 방조제의 해수유통을 요구하는 새만금 어민들과 함께 이러한 기억들을 복원해볼 수 있다. 우리는 3장과 4장에서 이러한 어업 유산들을 소개할 것이다.

물론, 군산시와 서천군 사이에는 역사·문화적으로 공유하는 문제를 놓고 갈등(기벌포, 진포 등 백제나 고려 문화와 관련된 지명 및 위치에 대한 이견)이 벌어지기도 한다. 이러한 갈등은 두 도시 사이의 협력을 어렵게 하는 요인이 되기도 한다. 두 도시 사이뿐만 아니라, 도시 내에서도 간척 등을 통해 새롭게 조성된 토지, 신도시나 산업단지 조성 등으로 급속하게 형성된 도시 지역(군산시 도심 및 산업단지, 장항읍 등)에는 지역 정체성이나 소속감을 유발하는 유산이 부재할 수도 있다.

금강하구 보호지역의 지정

생태적으로 민감한 지역을 보호지역으로 지정함으로써 환경에 부정적인 영향을 미치는 압력요인의 발생을 미리 예방할 수 있다. 금강하구에서는 서천갯벌과 유부도 갯벌이 습지보호지역과 람사르 습지로 지정되어 있다. 다만, 보호지역 지정을 위해서는 예정 지역에 대한 이해당사자의 설득이나 동의가 중요하므로 적절한 보상 체계를 갖추어야 하는데, 지자체의 경우 토지매입 등을 위한 예산이 절대적으로 부족하여 보호지역 지정 등을 시도하기 어려울 수 있다. 서천군에서도 현재 지정된 습지보호지역을 확대 지정하는 방안을 추진하였으나 습지보호가 지역개발을 가로막는다는 인식이 강해 완료되지 못하다가 2018년에서야 확대 · 지정되었다.

보호지역 지정을 위해서는 단순히 특정 공간을 보호지역으로 지정하고 끝나기보다는 면밀한 계획과 과정을 통해 보호지역에서의 보전 노력이 지역주민과 지자체에 도움이 되는 구조를 만들어야 할 것이다. 람사르 마을사업, 국립공원 명품마을 지원사업, 생태관광 프로그램 등 중앙정부의 지원사업이나 제도를 적극 활용할 수 있다(순천만 사례). 보호지역 인근 이해당사자나 주민들이 보호지역의 관리를 지원하고 이로부터 편익을 얻을 방안을 마련할 수 있을 것이다(생태교육프로그램 진행, 로컬푸드 매장 운영, 공예품 등의 주민 생산 제품 판매 등). 또한, 보호지역이나 중요 생태계를 대상으로 발굴, 보전, 연구, 기록, 전시 등의 일상적인 활동이 이루어지는 에코뮤지엄(일명 지붕 없는 박물관) 사례(스웨덴 크리스티안스다드의 에코뮤지엄 등)를 참고할 필요가 있다.

다행히 현재 서남해안 갯벌의 세계유산 등재를 추진하고 있다. 추진 대상지역은 충남 서천의 유부도와 전남 신안의 다도해 지역 '섬 갯벌'이다. 서남해안 갯벌을 세계유산으로 등재하기 위한 논의는 2005년부터 생물권보전지역 추진 논의에서 시작되었다. 2009년 신안 다도해가 생물권보전지역으로 지정된 이후에는 세계자연유산 잠정목록 등재를 추진하여 2010년 잠정목록으로 등재되었고, 2011년에는 우선 추진 대상으로 선정되었다. 2012년부터 등재 추진 준비를 위한 준비위원회가 구성되어 현지 예비실사와 와덴해 현지답사를 통한 비교분석, 서남해안 갯벌의 등재기준, 완전성, 진정성, 보호 및 관리 등에 대한 전반적인 검토하였다. 2014년에 문화재청장의 설립 인가를 받은 '서남해안 갯벌 세계유산 등재추진단'이 설립되어 활동하고 있다.

금강하구 생물문화 자원의 현명한 이용

서천군은 군산시에 비해 금강하구역의 생태환경을 보다 적극적으로 활용하기 위해 노력하고 있다. 서천갯벌을 매립하여 장항국가산단을 조성하는 대신 정부대안사업으로 추진한 국립생태원이나 국립해양생물자원관 또한 연구 기능뿐만 아니라 교육 · 전시 기능을 함께 보유하고 있어 서천군의 관광자원으로 활용되고 있다.

군산시는 금강하구 연안 지역 대부분을 인공화하였기 때문에 관광자원 확보라는 측면에서 금강하구 해역을 생태적으로 보전하고 복원하는 활동에 미온적일 수밖에 없다. 하지만 다른 한편으로 서천군과 군산시가 금강하굿둑 및 동백대교 등으로 지리적으로 밀접하게 연결되고 하나의 생활권으로 묶여 있다는 점에서 금강하구의 자연환경을 경험하기 위해 방문한 관광객들이 군산시의 역사문화 유산이나 위락 · 숙박시설을 이용할 것이라는 판단도 가능하다. 즉, 서천군의 생태관광 활성화는 군산시에도 도움이 될 수 있다. 오히려 서천군은 관광객이 위락 · 숙박시설이 부족한 서천군에 머무르지 않고 군산시로 넘어간다는 점을 문제로 인식한다. 하지만 서천군이 생태자산의 보전 · 복원이 아닌 위락 · 숙박시설의 개발에 치중하게 될 경우, 금강하구의 관광지로서의 매력이 떨어지는 문제가 발생한다. 이런 점에서 서천군과 군산시 사이에 관광자원으로서 생태자산의 보전과 활용을 위한 공동의 노력이 필요할 것이다.

또한, 하구역과 연안은 사람들을 끌어들이는 중요한 관광자원이지만 어떤 형태로 개발되느냐에 따라 생태환경에 상이한 압력을 일으킨다. 마리나 항만 개발 등은 연안과 해양에서 사람들의 활동을 증가시키기 때문에 생태환경 상태에 부정적인 압박을 야기할 수 있다. 반대로 생태여행, 공정여행 등의 이름으로 이루어지는 그램은 자연 해안이나 생태계에 대한 관심과 자원 투입을 유도할 수도 있다. 이런 구분은 절대적인 것은 아니다. 가령, 서천군의 갯벌에서 진행되고 있는 갯벌체험은 체험의 방식에 따라 갯벌 생태에 미치는 영향이 달라질 수 있다. 하구역에 대한 부정적인 영향을 줄일 수 있는 지속가능한 관광 기반 및 프로그램 마련이 필요하다. 공간적으로 부정적인 압박을 야기하는 관광 시설이나 행위는 보전이 필요한 하구역이나 연안 지역에서 멀리 떨어뜨려 놓을 필요가 있을 것이다. 예를 들어, 스웨덴 크리스티안스타드 사례에서 보듯이 유네스코 생물권보전지역 프로그램의 경우 공간을 보전, 지원, 이용을 위한 구분하여 보전과 지원을 위한 공간은 적극적으로 보전함으로써 사람들을 끌어들이기 위한 매력 요인을 만들어 내고, 대신 이용을 위한 공간에서만 인위적인 활동들이 일어날 수 있도록 유도하고 있다는 점을 참고할 필요가 있다.

크리스티안스타드 에코뮤지엄(생물권보전지역) 사례

크리스티안스타드(Kristianstad)는 스웨덴 스코네 주에 위치한 항구도
시로, 스웨덴 남부의 발트해로 흘러드는 헬게강 하류에 위치하고 있다.
1967년에 헬게강 하류의 습지를 농지로 전환하는 계획이 수립되었으
나 자연보호단체들의 반대로 철회되고 대신 일련의 보호지역 정책이
시작되었으며, 1975년 람사르 습지로 등록되었다. 하지만 1980년대
내내 전통적인 방목 및 경작 방식이 쇠퇴하면서 생태적 가치(주로 조류
의 서식처)가 계속 악화되었으며, 이로 인해 경제적 소득을 중시하는 농
민들과 자연환경보전 단체 사이에 논쟁이 시작되었다. 이를 해소하기
위해 지방정부와 세계환경기금의 재정지원을 받고, 스웨덴 환경부의
주요 목초지 보전 예산을 활용하여, 전통적인 방식의 농업 활동을 유지
하기 위한 재정적, 기술적 지원 프로그램을 만들었다(1989년 1,200ha
의 농지가 지원을 받았으며, 현재는 1,700ha로 늘어남). 특정 자연환경의 질
을 보전하는 활동에 참여하는 농민들은 3,000크로네/ha의 보조금 또
는 지불을 받고 있다(1크로네=132원, 2015년 7월 기준).

농민, 지자체, 환경부, 세계환경기금 등의 중재 역할을 하던 활동가와
전문가들은 이런 활동을 계속하기 위해 에코뮤지엄을 만들었으며, 이
후 생물권보전지역에 등재하도록 지자체를 설득하였다(에코뮤지엄 사무
소가 생물권보전지역 사무소 역할을 겸함). 주요 행위자인 마그뉘손이
1989년 습지대에 있는 운하 옆에 수문건물 '커넬하우스(canal house)'
를 지어 에코뮤지엄 프로젝트를 시작하였다. 1990년부터 세계자연보

호기금(WWF)에서 100만 스웨덴 크로네를 지원받았다.1991년에는 습지대에 관찰과 학습을 위한 탑을 짓고, 1993년 주변의 오솔길을 정비하였다. 에코뮤지엄 사이트는 20개소로 시작하였으며, 자연환경이 중심이지만 양수펌프장, 농장, 수처리플랜트 등 기술, 산업, 생활 유산을 포함하였다. 2015년 현재 에코뮤지엄 사무소(생물권보전지역 사무소)는 5명의 상근직과 10여 명의 비상근 연구직이 근무하고 있으며, 연간 5.5백만 크로네의 예산 중에서 50%는 사무소 운용비로 직접 지원받고 나머지는 사업비 형태로 지원받거나 에코뮤지엄 입장료, 탐방료 등으로 충당하고 있다.

한편, 2005년 헬게강과 그 유역은 유네스코 생물권보전지역 (Kristianstad Vattenrike Biosphere)으로 지정되었으며, 다양한 생태계와 경관을 보호하기 위한 프로그램을 시행하고 있다. 이 생물권보전지역은 104,375ha의 면적에 숲, 호수, 습지, 하천, 초지, 연안 등 다양한 자연환경으로 구성되어 있고, 스웨덴 내 다른 지역에 비해 생물다양성 측면에서 매우 중요한 지역이며(700종 이상의 국가 멸종위기종 서식, 스코네 주 지역 멸종위기종의 30% 서식 등), 약 75,000명의 인구가 거주하고 있다. 생물권보전지역 내 중요한 가치를 지닌 자연환경을 10개의 테마로 구분(습지, 광대한 모래 지역, 숲 서식처, 해양 서식처, 독특하게 흐르는 하천 등)하였으며, 다른 자연환경보호지역이나 Natura 2000 사이트를 포함하고 있다.

3장

어민들의 기억을
통해 본
금강하구의 변화는?

주용기, 김억수

조사 개요

목적

금강하구는 생물문화다양성의 보고(寶庫)이다. 금강하구 주민들은 주어진 자연환경의 조건에 적응하며 독특한 역사와 문화를 형성해 왔다. 이 독특한 역사·문화의 형성은 하구 주민들의 삶과 자연과의 끊임없는 상호작용 속에 형성된 것이며, 그것이 지속가능한 삶의 원천이었다. 그러나 개발 일변도의 국가 정책과 그로 인한 산업화의 시대적 흐름 속에 금강하구 생태환경은 변화를 겪게 되었고, 그 변화는 하구 주민들의 생활과 사회·경제·문화적으로 많은 변화를 겪으면서 현재 많은 영향을 주고 있다.

1990년 금강하굿둑이 건설되면서 금강하구 생태환경은 크게 변화하게 된다. 안정적인 농업용수 공급, 염분 피해, 침수피해를 막기 위해 건설된 금강하굿둑은 지금까지 그 기능을 유지하고 있으나, 그 이면에는 하구 생태계 변화로 인한 생물종 감소와 어업환경의 변화가 함께 상존한다. 이러한 변화는 금강하구 주민들의 삶과 경제활동,

그리고 문화적으로도 영향을 미쳤다. 하구의 환경변화에 따른 주민 삶의 변화와 지금의 현실에서 주민들이 갖는 인식과 욕구에 대한 조사와 연구는 하구 공동체의 지속가능한 해법을 찾는데 중요한 열쇠를 제공할 것이다.

금강하구의 생물다양성과 문화다양성은 서로 분리되어 존재하는 것이 아니라 상호 유기적으로 연결되어 있다. 이번 조사와 연구는 하구(河口)라고 하는 독특한 생태계, 그리고 그곳에 의존해 살아가는 사람들의 생물문화적 접근은 자연의 토대 위에 형성된 주민들의 사회·경제·문화적 관계와 현상을 알아보는 과정이다.

지금까지 금강하구에 대한 생물·문화적 관점에서 접근한 조사나 연구는 없었다. 금강하구와 관련된 대부분의 연구는 생물학적이거나 환경공학적 연구를 중심으로 진행해 왔고, 그 결과물을 과학적 판단의 근거로 제시해 왔다. 물론 이 같은 연구는 문제를 해결하는 합리적 논거로 필요하고 지속적으로 진행되어야 한다.

그러나 현재 금강하구가 안고 있는 다양한 문제를 해결하는데 이 방법만이 충분조건이 되는 것은 아니라는 판단이다. 지역주민이 참여하는 수많은 토론회에서 항상 나오는 문제는 전문가들의 이야기를 주민들이 알아듣기가 너무 어렵다는 것이다. 전문가들이 말하는 수치는 사실 현지 주민들에게는 피부에 와닿지 않는 게 대부분이다.

따라서 금강하구에 대한 접근에 있어 과학적 연구만큼 인문학적 연구도 함께 진행되어야 한다. 금강하구에 대한 생물문화적 접근은 그동안 살아온 주민들이 삶의 발자취를 따라가면서 미래에 대한 지혜를 모을 수 있는 수단과 방법을 제공할 것이다.

방법

1) 자료 수집방법

연구의 자료 수집 방법은 금강하구에 살고 있는 전라북도 군산시, 익산시 웅포면, 충청남도 강경읍과 논산시의 주민 50명과 충청남도의 장항읍, 마서면, 한산면, 화양면의 주민 50명을 대상으로 심층적인 면담 구술조사를 진행하였다. 연구조사자들은 2회에 걸친 워크숍을 통해 설문 조사 방법에 대해 숙지한 후 조사를 진행하였다. 조사 기간은 2015년 10월에서 12월이었고, 면담시간은 짧은 경우 14분에서 긴 경우는 90분 정도의 시간 동안 진행되었다. 면담에 사용한 문항은 다음과 같이 9가지 분야에 대한 질문으로 구성되어 있다.

① 연구대상자의 성별과 출생년도
② 거주 지역과 어업에 종사한 기간
③ 어업환경 변화
④ 금강하구 자연환경의 변화
⑤ 금강 포구들의 역할 변화
⑥ 어민들의 갈등과 경쟁 심화
⑦ 금강하굿둑 이외에 다른 개발사업으로 인한 영향
⑧ 금강하굿둑 해수 유통에 대한 의견
⑨ 새만금 방조제 공사 완료로 인한 악영향

면담은 연구 대상자의 동의를 받아 녹음기를 이용해 녹음을 하였고, 이후 녹음된 내용을 다시 들으면서 글로 그대로 옮기는 작업을

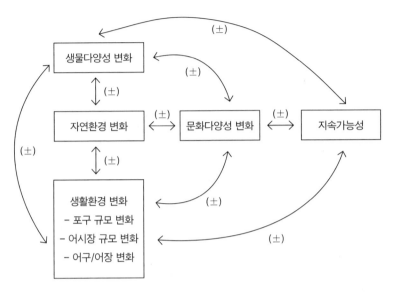

연구의 개념적 준거 틀

하였다(Strauss and Corbin 1998).

2) 자료 분석 방법

이 연구의 개념적인 준거 틀을 위 그림에 간략하게 도식화하였다. 이 준거틀을 기초로하여 연구의 주된 결과를 설명하고 그들과의 관계를 추정할 수 있게 해준다(Miles & Huberman 2009, p.40). 질문의 주제를 토대로 한 자료의 범주는 생물다양성, 어업환경변화, 농업환경변화와 환경의 변화로 인한 주민갈등으로 구분하였다. 분석과정은 전사한 자료와 현장 노트를 검토하여 원래의 의미는 그대로 유지하면서 연구대상자가 전달하고자 하는 내용을 분석하고자 하였다. 범주화된 자료인 코드는 연구에서 획득한 정보를 의미 단위로 지정한 것으로 자료의 해석에 이용되는 단어나 문구 자체를 뜻하는 것이 아닌 그들이 주장하고자 하는 의미이다(Miles & Huberman 2009). 즉, 주어진 맥락에서 의미가 전달되도록 결과 부분에 연구대상자가 언급한 내용 그대로를 인용하여 분석하였다.

3) 연구의 공간적 범위

연구 대상자는 금강하구 유역에 살고 있는 전북 군산시(중앙동, 경암동, 소룡동, 비응도), 익산시(서포, 원나포, 웅포, 성당포) 그리고 충남 논산시 강경읍 지역주민 50명과 충청 서천군 1개 읍(장항읍), 4개 면(마서면, 종천면, 한산면, 화양면) 21개 마을의 50명을 대상으로 하였다. 30년 이상 거주한 주민들을 대상으로 하였으며, 질문의 주요 내용은 생물종, 언어, 문화, 전통생태지식의 연관성, 그리고 어업과 농업환경의 변화와 현재 상황, 금강하굿둑에 대한 인식 등으로 구성하였다. 전북 측에서 진행하였던 면담의 대상자들은 금강하굿둑 내측에서 14명, 외측에서 36명이었다. 충남 측은 금강하굿둑 내측에서 16명, 외측에서 34명을 대상으로 하여 면담을 진행하였다. 100명의 면담자 중 2명만이 여성 응답자였다.

금강하구역 주민대상 조사 지역	
거주지 구분	총 100 명
전북 지역과 충남 강경포 지역 주민 50명(조사 책임자: 주용기)	
군산 개야도	1명
군산 비응도	2명
군산 서부(해망동, 소룡동)	19명
군산 동부(중앙동, 경암동, 월명동)	14명
군산시 서포	1명
군산시 원나포	3명
익산시 웅포	3명
익산시 성당포	3명
충남 논산시 강경포	4명
충남 서천군 지역 주민 50명(조사 책임자: 김억수)	
서천군 마서면	남전리(2), 도삼리(4), 송석리(3), 옥포리(1), 와석리(1), 월포리(5), 죽산리(4), 칠전리(2)
서천군 장항읍	송림리(2), 신창리(2), 옥남리(6), 창선리(2)
서천군 종천면	종천리(1)
서천군 한산면	신성리(4), 연봉리(1), 호암리(1)
서천군 화양면	망월리(2), 신아리(1), 옥포리(2), 와초리(1), 완포리(3)

어업환경 변화

어구와 어업 방식의 변화

금강하굿둑을 건설하기 40~50년 전에는 어구도 발달하지 않았고, 순전히 경험과 자기 힘으로 잡아도 지금에 비해 소득이 훨씬 많았다고 한다. 그러나 하굿둑이 건설된 이후로 어획량이 줄어들어서 어획량을 높이기 위해 어구들을 발달시켰다. 하지만 어획량이 오히려 줄어들었다고 한다. 하굿둑 건설은 어민들의 어구와 어업방식에도 변화를 가져 왔다고 한다.

내가 나이는 안 먹었어도 이쪽 실뱀장어 대해 현재 살아있는 사람 중에서 아버지를 따라서 했으니까 내가 제일 오래되었다고 봐요. 그래서 이 어구는 다 기억하고 있어요. 글갱이는 1967년도 내가 어렸을 때, 아버지가 했을 때 이것으로 제일 처음 잡았어요. 크기는 너비 1m 50cm, 높이가 70, 80cm 크기로 둥그스름하게 해서 대나무로 길게 해서 만들었어요. 그물은 미군들이 사용하던 것(부드러운 모기장)을 사용했어요. 모양이 지금도 미꾸라지 잡을 때 끓는 것과 비슷해요. 물가에서 그냥 던져서 잡았어요. 그렇게 해도 어렸을 때는 국자로 고기를 뜰 정도였어요. 한 마리 두 마리는 잡지도 않았어요. 그 정도로 고기들이 흔했어요. 이것으로만 잡아도 생계를 유지했다고요. (다음으로 사용한) 유인망은 일본에서 모기장이 수입돼 들어오면서 너비 4m, 폭은 1m 정도의 크기로 (네모진 문 같이 만들고) 평평하게 해서 실뱀장어가 가지 못하도록 물만 막아 놓고 사람이 물속에 들어가서 동그란 쪽발로 그냥 떴어요. 1970년대부터 1980년대 초반까지 이것으로 했어요. (그 다음으로 네모진 그물 틀에 원뿔형 모양으로) 불꼬리가 달아진 게 안강망인데 너비와 폭이 유인망과 같고, 불꼬리 안으로 실뱀장어가 들어 갈 수 있도록 대나무로 입구 틀을 만들었죠. 이게 하굿둑 막기 직전까지 했어요. 그때만 해도 배라는 게 전마선이거든. 노 젓고 다니는. 엔진 배가 없고, 이때만 해도 전마선이라고. 실뱀장어 잡는 것에 엔진 배가 없었어요. 쉽게 말해서 서포 뚝방 앞에 그곳에서 많이 했어요. 그 뚝방 밑에 낭떨어지는 곳이 있잖아요. 물가 뚝방에다 말을 쭉 박아 놓고 했어요. 자전거 타고 다니면서 물을 봤다고요. (다음으로) 현재 지금 하는 어구는 피라미드 모양으로 양쪽 앵카(닻)을 놓고 양쪽 줄에 그물을 달아서 지금은 한 5-10배 정도 큰 어장(어구)을 가지고 작업을 해요. 그물 끝에는 불꼬리를 달았죠. 이것이 정치망이에요. 이때부터는 엔진배로 했지요. 처음에는 그물을 내가 처음 만들었어요. 전국으로 보급이 되었어요. (정치망 그물은) 현재 사용하는 건 이거 하나 밖에 없어요. 〈연구대상자 J-3〉

단망이라고 있거든. 참게 같은 건 그걸로 잡고, (다른 것은) 다 이 강망, 이중망으로 잡고 많이 잡았지. 단망은 밑에 추가 달려있는데 물길대로 흘러가면서 땅에 끌려가잖아요, 그러면 게가 들어가는 거에요. 자망은 허가가 나 있는 거고 그거가 안되면 이중망하고 삼중망. 쏘가리, 메기, 황복, 우여 그런 건 다 삼중망써요. 뱀장어는 이제 풀 같은데 쳐 가지고 쭉 후리그물이라고 있잖아. 후리그물로 또울(농수로) 같은데 쳐 가지고. 이게 풀까지 그물 쭉 치는 거 있잖아. 물 쭉 빠질 때 그물을 탁 친다 말이에요. 이게 땅에다 묻어놓고. 그러다 물이 많이 들어오면 말뚝 박아가지고 그물 친 거를 배에다가 쭉 올려놓지. (이 그물로) 뱀장어 잡고, 메기도 잡고, 붕어 잡고 다 잡죠. 정치망하고 비슷한 거지. 정치망은 가에 물 대로 치는 거고, 이거는 일렬로만 치고. 실뱀장어는 초창기에 촛불로 잡았지. 다리 수문 밑에서 뜰망으로 떠서 잡어. 제일 처음에 그게 일본사람들이 알려 주고 간 거에요. 그 다음에는 솜방망이 불을 켜 놓고 하다가 간드레 불로 하다가 나중에는 정치망 끌방 식으로 배로 막 끌고 다니는 거 있지. 그걸로 하다가 나중에는 그것도 안되니까 말박어 놓고 한 거에요. 그걸로 하다가 나중에 배로 했지. 지금도 (하굿둑 바깥에서) 배로 해요. 안강망이라고 하더라고 사람들이. 꽁댕이배라고 하지. 〈연구대상자 J-33〉

금강하굿둑 건설 이전부터 하굿둑 앞에서 실뱀장어잡이를 하는 배들은 꽁댕이배로서 정치망이 대부분이다. 이를 연안 안강망이라고 부른다. 연안 안강망의 일종인 꽁댕이배에 사용하는 파이프는 예전엔 나무를 사용했지만 쇠파이프로 바뀌었고, 더 많이 잡기 위해 파

꽁댕이배

이프의 길이도 길어졌다. 하지만 이 어구는 허가를 받지 않아 문제가
되고 있다. 이 안강망으로 실뱀장어도 잡고, 뱀장어, 숭어 등 물고기
들도 잡는다고 한다.

정치망은 그물이 물에 항상 담가져 있죠. 언제부터 썼냐면 1983
년도부터 이 해선망(꽁댕이배) 그물을 했어요. 근데 그때만 해도
엔진들이 없고 사람 손으로 다 감았다고. 윈치 형식으로 해서 전
부 잡아 돌렸다고. 하굿둑이 막히면서 잡히는 양이 점점 없어지
니까 글갱이, 유인망, 안강망 그물 모두 다 없어졌죠. 정치망 그
물 틀 하나면 안강망의 다섯, 여섯 개 그물 크기란 말이에요. 근
데 그때는 안강망 그물 두 개, 세 개 갖고 했었는데 이제는 정치
망 그물을 이삼십 개석 갖고 한다고. 그런데도 이때 (안강망 그물

로 잡았던 때) 양을 못 따라가 간다고. 정치망 그물 길이는 보통 25m, 그물 입구의 너비는 20m이고, 안강망 그물 길이는 7m, 8m 했거든요. 꽁댕이배 그물을 매다는 위 파이프(암애)의 길이가 30m, 여기 물속으로 들어가는 것(수애)이 7m 50cm. 물속 밑으로 내리는 거죠. 반면에 안강망은 (폭이 1m 이니까) 수심 1m만 들어가죠. 꽁댕이배 그물은 파이프에 세 개를 달아요. 하나만 달면 모기장이라 힘을 못 써서 끊어져 나가니까. 물살이 세니까. 새만금 배들은 조금만 하고, 여기(금강하구)의 배들은 대형이고. 〈연구대상자 J-3〉

처음에 시작할 때는 3톤, 5톤 짜리(배)로 처음에는 (물)가에서만 잡는 것으로 알았는데 가운데가 잡기 시작해서 그것이 첫 번에 해본 사람이 차차 늘려 나갔지. 어구가 커졌고 배도 커졌다(고요). 처음에 할 때는 (수애, 암애의 길이가) 30자(10미터) 하다가 지금은 90자(30미터), 그물 3통을 달아가지고 90자(30미터)에요. 옛날에 수애는 쭉나무로 했고, 쭉나무는 노를 만들었고 단단한 나무. 암애는 (밑에는) 아까시아 또는 참나무로 해가지고 거기다가 쇠를 달아서 가라앉게 해서 잡아요. 그때는 처음에는 깊이로 두발, 지금은 닷발, 엿발, 지금은 최고로 일곱발을 하지. 일곱발이 9미터 정도 되지. 보통 여기서는 닷발(6미터) 정도. 전에는 실뱀장어를 떠서 잡는다고 생각하고 깊이 안 넣었는데, 차차 어민들이 잡아보니까, 실뱀장어가 물길에 돌아서 올라와 가라앉고 그러니까. 〈연구대상자 J-21〉

(안강망을) 가지고 여러 가지 고기를 잡죠. 이 안강망은 6.25(한국
전쟁 때) 피난 온 이북 사람들 있죠. 그때부터 그 사람들이 이 어
구어업을 만들어 가지고 이대로 내려 온 거에요. 지금은 이 어구
어업을 하굿둑 안에서 사용할 수 없죠. (하굿둑) 밖에서 지금도
이것으로 작업을 하게 되면은 어떤 때는 몇 마리씩 들어요. 그 전
에는 엄청나게 많이 잡았죠. 지금은 어획은 없죠. (숭어. 농어도)
많이 잡았죠. 〈연구대상자 J-19〉

꽁댕이배도 처음부터 실뱀장어 잡을려고 하는 게 목적이 아니었
죠. 그때 실뱀장어들을 몰랐으니까. 한참 후에 잡은 거에요. 우
리 어렸을 때는 실뱀장어라는 것을 몰랐어요. 그러다가 내가 중
학교 후반 무렵부터 하굿둑 막기 전에 보니까 실뱀장어를 잡더
라고. 육지에서 사각틀 만들어서 잡고. 〈연구대상자 J-27〉

(쇠파이프 사용은) 한 15년 됐어요. 그걸 내가 딱 이제 처음에 만들
어 놓으니깐 딱 다 그렇게 또 만들고 그러대요. 아 내가 제일 여
기 저 여기서 선발대지 내가 제일. 그게 그전에는 (길이가)적었
죠. 물살이 겁나게 셌거든요. 지금 이제 다 막아 놓으니깐 물 저
게 없잖아요 그래서 그렇죠. 이 연안 안강망 가끔 작업을 했지만
지금은 완전히 부정어업이에요. 허가받은 사람 없어요. 큰소리
도 칠 수가 없어 허가가 안 나와 있어. 허가권이 없으니 아무것도
못하고 그러지. 〈연구대상자 J-8〉

(실뱀장어 잡는 어구와) 똑같아요. 그물만 바뀌지. 구멍이 큰 거. 실

뱀장어 그물은 엄청 작고, 이 뱀장어 그물은 물이 잘 빠져야 하니까 차곡차곡 그물 구멍이 줄어들죠. 그물 끝 코의 크기가 14절을 쓰니까 3cm, 4cm이 될 거에요. 장어가 그 정도 보다 크니까. (황석어 잡는) 어구는 뱀장어 잡는 그물로 썼어요. 실 종류가 다르죠. 그때는 나일론이 귀했으니까. 낙하산 줄 같은 것 있지 않습니까, 그런 줄로 엮었어요. 길이는 비슷했죠. 그것이 해선망 전용이 아니라 동지나해에 가서 조기랑, 갈치랑 잡는 배들이 그것(해선망)으로 잡았다고. 그때 당시는 해선망이 아니라 지금은 뒤가 차지만 그때는 배 옆으로 찼어. 옆치기라고 하거든. 그리고 황복 같은 경우는 자망으로 많이 했지요. 삼마이 그물 이라고 하죠. 그것은 냇가에서 붕어, 꽃게 잡는 그물 있지 않습니까. 늘어트리는 것. 한 폭의 길이가 30m인데 천 같이 그물 실이 내려져 있고, 위에는 뜨는 추가 있고 밑에는 가라 앉는 추가 있지요. 그물을 그냥 쭉 깔아놓고 뜨는 것이죠. 30m짜리 계속 연결해서 치는 것이죠. 위쪽에 앙카(닻)를 매달아 놓고 깃발을 세워 놓죠. 이것으로 황복을 잡았죠. 황석어는 워낙 대량이라 이것으로 잡아서는 그물 다 버려야 해. 황석어 자체가 무르잖아. 그래서 황석어는 해선망으로 잡았지. 지금은 황복하고 황석어는 (예전처럼) 똑같은 이름으로 쓰고 강화도에서 나오는데 거기서는 각망으로 임진강에서 잡아. 〈연구대상자 J-3〉

연구대상자들의 주장은 하굿둑 막기 이전에는 금강하구 지역을 들어오고 나가는 물살이 빨라서 작은 배를 이용해서 어업을 했고 물고기가 많이 잡혔다고 한다.

그때(하굿둑 막기 전)는 물 힘이(물 쌀이) 어마어마하게 세고, 어딜 가나 확확 올라오고. 이제는 물 힘이 없으니까 어장이 자꾸 커지는 겁니다. 옛날에는 장비가 빈약해도 밥 먹고 살았죠. (배 크기가) 한 0.5톤. 어업 방법은 다 물가에서만 했어요. 조류가 너무 세서, 목선이었죠. 그 당시에는 이런 것(작은 배)으로 물가에서만, 조류가 세기 때문에 조업 방법이 아주 간단하고 부대비용이 안 들어갔다는 얘기이에요. 이제는 안 그래요. (그물은) 그냥 정치망을 쳐요. 큰 고기 잡으려면 (그물)코가 커지고, 작은 고기 잡으려면 (그물)코가 작아지고. 새우 잡으려면 새우에 맞는 그물로 잡고. 실뱀장어 잡으려면 실뱀장어 잡는 그물코가 있고. (실뱀장어 잡을 때는) 잡는 물가에서 젓고 다녔어요. 물살이 세니까 가운데로 못 가지. 그래도 소득이 되고(좋고). 어구 자체도 돈이 별로 안 들어가고. 지금은 상황이 다르죠. 〈연구대상자 J-1〉

물 조류에 의해서 고기를 잡으니깐 물이 안가면 고기가 그물 속으로 못 들어가잖아요. 긍께 그때 당시는 하굿둑 막기 전에는 물 조류가 엄청나게 셌는데 지금은 하굿둑 물을 막아 브니깐(버리니까) 바닷물 조류가 오고 가질 않으니깐 그런 어장은 그때 당시부터 없어져 버렸지요. 긍께 그때 당시는 그 밑에 그걸 보고 암애, 위에를 수애 그렇게 해(어구 틀을 만들어) 가지고, 그 중성배처럼 해가지고 그물을 해가지고 조류에 의해서 고기를 잡았지요. 길이는 한 80미터. 80미터 내지 80자, 85자 그렇게 됐죠. 지금은 85자, 90자나 돼요. 현재 시라시(실뱀장어) 잡는 배들이 한 40척, 한 50척 될 거에요. 〈연구대상자 J-26〉

서천군 마서면 송석리에서 한산면 신성리 지역의 어장은 서천갯벌과 바다 전체가 어장이다. 금강하굿둑 건설 이전에는 개인어장도 있었으나, 현재는 대부분 맨손어업과 어촌계 공동어장 형태로 운영된다고 한다. 재산이 없는 대부분의 어민들은 간조시 직접 갯벌에 나가 조개나 게를 잡고, 낚시를 하기도 하였다. 배가 있는 사람들은 배를 이용해서 고기를 잡았고, 없는 사람들은 석전(독살), 죽전(죽살)을 이용하였다. 서천 연안은 조수간만의 차가 큰 지역이기 때문에 '살'과 '독살'은 어업활동의 중요한 수단이었다. 대부분 많은 지역에서 살을 이용하였는데 송석, 죽산, 월포, 옥남리 갯벌에 '살'을 이용한 것으로 면담조사 결과 나타났다(옥남리 갯벌에 설치했던 '살'은 4장에서 자세히 설명하기로 한다).

　서천지역에 몇 개의 살이 있었는지는 현재 자료를 찾기 어려워 정확히 알 수는 없으나 〈연구대상자 C-1〉은 "대나무를 쪽 뽀개 가지고 대야. 여기가 많았어. 여가 꽉 찼어. 여기 송석만이 아니라 비인, 아목(아목섬)까지 있었어. 임자(살 주인)들이 매고 잡으면 조그매 주고 가지가고 팔고 그랬지. 니 품삯 하라고. 그럴 때는 어촌계가 필요 없었어"라고 옛날을 회상했다. 〈연구대상자 C-2〉는 "갈목 앞에 살을 매었어. 대나무가 아닌데. 이만한 소나무, 큰 나무, 높으니까 저 정도 높은 그물 쳐지니까. 높은 그걸 매었지. 쪼개서 그것을 매어놓더라고. 한 2~3미터 굵게. 그전에는 갈목앞바다. 죽산앞바다 입구에 매었어. 근데 그게 많았었어. 입구에. 주인이 따로 있었어요. 주인이 있는데 뭐 어떻게 하냐. 주인이 그거 다 잡을 수가 없잖아요. 그래가지고 잡아가지고 그걸 몇 마리씩 주었지. 갈목에 아저씨 주인이 있었어"라고 언급하는 것으로 보아 많은 수의 살이 있었을 것으로 생각

된다.

금강하굿둑 주변의 서천군 마서면 도삼리, 화양면 망월리 지역에서는 해방 전 황해도에서까지 내려와 어업을 할 만큼 하구의 풍요로움을 말해준다. 도삼리에 살고 있는 〈연구대상자 C-3〉은 "하굿둑 생기기 전에 옛날에는 이 앞에 뱅어 중선이 한 20척 이상 들어서요. 이화양까지 쭉. 그러면은 거기서 남포불 킨 것이 우리집 창문이 훤해요. 배가 큰 놈들이 거기서 불켜 놓고서 막 영차 잡아당기는데 시끄러워요"라고 증언하고 있는 것으로 보아 그 당시 모습은 현재보다 더 활발한 어업활동을 했었던 것으로 기억하고 있다.

하굿둑 만들기 전에 뱀장어를 잡는 어민 중에는 그물로 잡는 사람도 있었지만 주낙과 작살로 잡는 어민도 있었다. 현재는 썰매 같은 형태로 틀을 만들고 대략 6-7개의 작살을 붙여서 배로 끌고 다니면서 잡는 방식으로 그 만큼 뱀장어가 많지 않기 때문에 이 방식을 사용한다는 것이다.

> (하굿둑 막기 이전에) 뱀장어 잡았어요. 그때가 작살질을 할 땐 게. 대나무 잡아 가지고 그 깔고리 같은 거 있어요. 발 달린 거. 그걸로 제껴서 뻘속에 넣어 갔고 제껴 갔고 잡았어요. 그물 안치고 그때는. 다른 사람들도 그렇게 했어요. 하굿둑 막기 전에 다른 분들은 그물로 많이 잡는 데 우리는 주낙으로 많이 잡았어요. 여름에는 낚시로. 새우미끼 껴갔고 낚시로. (지금 사용하는 작살은) 썰매 있죠. 배로 끌어서 잡는 그런 틀이 있어요. 그건 여섯 가락, 일곱 가락 지어 작살을 배에서 끌고 댕겨요 지금은. 〈연구대상자 J-12〉

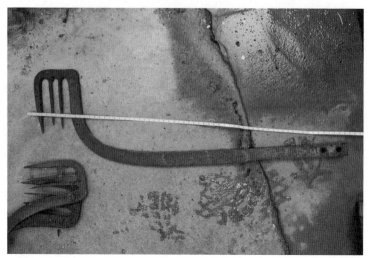
뱀장어를 잡는 어구 '작살'

어민들이 어업에 이용했던 안강망은 배 뒤쪽으로 양쪽에 폭 3m 길이의 틀을 만들어 다는데 그곳에 그물을 매달아 배를 움직이면서 그물을 속에 내려 실뱀장어와 새우 등을 잡는 방식으로, 꽁댕이배 보다 먼저 금강하구에서 사용되었다. 하지만 수문이 막히고 수산자원이 감소하면서 꽁댕이배가 더 수확이 좋으므로 꽁댕이배를 이용하게 되었다고 한다.

여기 오니까 그전에 옆치기가 있었어요. 내가 왔을 때 보니까 옆치기들이 반은 남아 있더라구요. 그때는 옆치기배죠. 안경배 였어요. 우리 아버님이 오시기 전에는 군산에서 고기 잡는 배가 주로 안경배, 옆치기 였어요. 그물을 옆에서 내리고 올릴 때도 옆에서 올리고. 그거는 실뱀장어 안 잡았어요. 틀을 두 개를 만들어서 양쪽으로 놓고 잡았으니까. 이거 있을 때만 해도 고개미, 이 앞에 나가서 고개미 처음 잡기 시작해 가지고 삼월 초순 중순부터 움직여요. 삼월초순부터 나가서 고개미 같은 것들. 그니까 젓갈들이죠. 그것은 수문 막고 멸종되어 버렸고. 꽁댕이배가 오면서 꽁댕이배가 고기가 더 잡히니까 다 바뀐 거에요. 〈연구대상자 J-28〉

어민들은 어획량이 감소하자 불법적인 방식까지도 사용하게 되었다고 말한다.

(배에 매단 쇠파이프) 밑에다 껑줄을 차요. (그리고 배로) 잡아 끌어(서) 땅을 막 파가면서 끌게 되요. 그래서 못하게 하는데, 그거 안 하면 또 고기가 없잖아요. 그러니까 말을 듣나요. 불법으로 하지. 형망도 그냥 처음에 할 때 내가 처음에 어떻게 만들 수 있나 연구 해가지고선 그렇게 만드는 거거든요. 그물을 껑줄 뒤에 달아요. 달아가지고는 인제 말하자면 여기다 잡아 채가지고 잡아 끄는 거죠. 잡아 채가지고선 끌면 그물 아가리가 벌어져서 고기들이 다 들어가요. 〈연구대상자 J-8〉

지금 하고 그때(하굿둑 막기 전) 당시 금액하고는 엄청난 차이가 나죠. 그때 당시엔 돈 가치가 만원짜리여도 예를 들어서 그때 당시 쌀 한 가마니에 한 2,500원 한 봉 (웃음) 그렇게 갔는디. 그 당시에는…. 그 배로 해서 먹고 입고 살았죠. 뭐 근데 지금은 그래

갖고 고기가 없으니깐 뭐야 국가에서도 그걸 알고 그니깐 폐업 시키라고 하더라고요. 그래서 폐업시킨 배들이 겁나 많아요. 그래서 옛날에는 군산이 항만 항구도시래도 과언이 아닌디. 지금은 배들이 많이 없어져 버리니깐 항구도시기는 도시지만은 옛날 같이 그러코롬 저기하진. 이 배들 선생님 보다시피 많이 지금 묶어놓고 있는거 보이죠. 전부 이 좋은 배들이 이 지금 현재 고기가 없으니깐. 〈연구대상자 J-26〉

어업 소득의 변화

주민들은 어업으로 인한 소득은 감소하는데 반해, 조업을 위해 준비해야 하는 부대비용의 증가는 어민들의 삶을 힘들게 하다고 주장한다.

그때(하굿둑 막기 전)는 어구나 장비가 발달되지 않고 비용도 안들어갔지만, 지금은 고기를 잡기 위해서 많은 부대비용이 들어가요. 배도 커지고. 고기를 못 잡으니까, 어장을 10개를 설치할 것을 100개 넣어야 되고. 그때 당시는 지금 소득의 10배죠. 저 그거 하면서 직장도 다녔어요. 두산 유리. 그때 그 당시 35년 전에 월급이 25만원 받았어요. 어업 하는 사람들은 고기 잡으면 한 번에 35만원 잡았어요. 어업은 일 년 동안 못하고 실뱀장어 잡았을 때만 받는 돈이 그렇다는 거지. 들쑥날쑥 해. 일 년(어업 소득)을 합치면 전체 소득에 한 몇 배 되겠지. 소득은 고소득이었어요. 잡은 양은 100분의 1로 줄었지. 옛날 어구 방식으로 하면 1000분의 1도 못 잡아요. 지금은 어구는 대형화 돼요. 예전에는 하나나 두 개 였는데, 지금은 그물을 백 개 쳐버려요. (비용으로 따지면) 몇천 만원 가요. 한 2-3년 써요. 일부 손상되면 교체해 가면서 조업하죠. 지출은 늘어나고 소득은 내내 큰 부가성이(이익이) 없어요. 지금은 봄철에 실뱀장어 잡아야 3~4천만원 나오죠. 인건비 줘야지, 부대비용 들어가야지. 한 달에 3~4백원 벌이예요. 30~40%가 지출로 빠져나가는 거죠. 일 년 순수익이 3월부터 7월까지 5개월 해서 2천만원. 이것은 실뱀장어 어업 조업이고. 다른 조업을 계속해야 하는데 마찬가지예요. 다른 수입은 어장 고갈돼서 없어요. 어업을 하긴 해도 다 포기하지. 고기를 못 잡는 데 해봤자 뭐해요. 한 그물 2~3개만 쳐서 일당 벌이를 해야 하는데 5만원씩 벌이를 해야 하는데, 그물 50개 쳐서 고기 10만원 값 잡아서 (수지타산이) 맞겠어요. 못해요. (지금은) 빚으로 살아요. 월세방에나 살고 그래요. 어업을 안 할 수는 없고. 일이 필요할 때만 한 명을 고용하죠. 밥 먹여주고 한 달에 250만원 정도. 어구비, 인건비, 수리비 다 해서 30~40%는 (지출로) 들어가요. 〈연구대상자 J-1〉

그 당시 잘 버는 사람들은. 그때 당시 실뱀장어 새끼 한 마리에 그때 당시 2천 5백원, 3천 5백원 갔지요. 지금도 얼마 하는데 올해 더 싼거에요. 그때 당시 한번에 1kg씩 잡았는데 뜬 사람들은 1kg면 마리수로 6천 5백마리에요. 봄철에는 한 2~3kg씩 잡았죠. 하굿둑 공사할 때 만원까지 갔어요. 작년에는 천원, 천이백원하고 그전에는 한 8천원, 9천원. 실뱀장어 끝나면 우여 잡지, 황복 잡지. 가을 되면 참게 잡지, 붕어 잡지. 1년 동안 놀지를 안 했어. 어업만 했는데 엄청나게 잘 됐지. 〈연구대상자 J-33〉

그때 당시 잡으면 많이 잡을 때는 많이 잡았어요. 금액이 그때 당시 쌌어요. 실뱀장어를 잡으면 오백만원에서 천만원 벌었어요. 하굿둑 막기 전에 큰 돈이였어요. 그것만 잡아도 1년을 먹고 살았어요. 논을 사놓고 농사를 못 짓고 남 한테 임대를 해주고 했어요. 어업만 했죠. 수입이 충분했죠. 애들도 가르쳤죠. 〈연구대상자 J-30〉

겨울에 그때(하굿둑 만들기 전에) 돈 천만원 올리지 않았나 생각해요. 빠가(사리)만 잡아도. 쌀 한가마니가 10만원밖에 더 갔겠어요. 천만원이면 백가마니이고, 둘이 잡고 비용도 있고. 그니까 1위 갔을 것이라고 생각하잖아요. 금강안에서. 많이 번거죠. 참게도 많이 잡았어요. 빠가(사리)도 실뱀장어도 많이 잡고. 〈연구대상자 J-34〉

작살을 이용해 뱀장어를 잡는 어민의 경우, 개체수가 급격히 줄어들어 수입도 급격히 줄어들었다고 한다. 특히 2015년에는 가뭄이 들어 금강으로 유입되는 물이 줄어들어 배수갑문을 통해 민물을 바다로 거의 내려 보내지 않아서 잡히던 뱀장어와 새우의 양이 급격히 줄어들었다. 어업소득이 줄어들자 작은 어선의 경우 과거에 선원을 두고 일하다가 지금은 부부가 함께 일하는 가구가 많아졌다. 큰 어선들

은 선장과 선원들을 따로 채용해서 월급을 주고 일을 맡긴다. 그러다
보니 순이익이 더 줄어들고 있다고 말한다.

그때(하굿둑 건설 이전)는 많이 낫죠. 주로 물살이 나갈 때 물살이
쌌죠(셌죠). 하굿둑 안 막았을 때는 썰물로 물이 나갈 때 잡죠. 많
이 잡을 때 보통 한 일관 10키로(kg). 키로에 그게 한 7,000원 꼴
갔을 거에요. 내 배 일때는 상관 없는데 남의 배 따라 다닐 때는
1/3 수입이 되죠. 선원이 두 명이었는데 수입이 괜찮았죠. 쌀로
따지자면 한 말 반 정도 잡아요. 돈을 벌어요. 그때 당시에 쌀값
이 한 말에 3, 4만원 갔을거에요. 금년에 장어가 없네. 금년에는
비가 안 와갖고 장어가 통 없어. 가을에 한 번도 못 잡았어. 민물
기가 있어야 돼. 민물기가 없으니께 잡던 새우도 안 나지. 하굿
둑 막으면서 배려버렸어요(안 좋아졌어요). 지금은 없어. 실뱀장
어 잡어 싸니까 없더라고요. 재작년에는 좀 잡았는데 금년에는
하나도 없어. (잡던 새우는) 백새우라고요. 여기서 잡아가지고 써
요. 그전에 잡을 때는 한 가구 반, 두 가구. 한 가구에 이십 삼사
키로씩 나가요. 새우는 새우금(새우값)은 별로 안 올랐어 싸. 새
우 요즘은 비쌀 땐데 새우가 안 나, 하나도 안 나. 작년에는 좀 나
왔어요. 양은 잘 모르는데 작년에 우리 할 때만 해도 한 늦게까지
한달 반 동안 할 때 한 200키로, 300키로 이상 잡았어요. 키로당
3천원이었으나까 90만원 벌었지. (지금은) 일당이 돼야 나댕기
는데. 안나니까 기름값 적자고, 작살 고장 나지, 이빨이 부러지
지. 그러니까 안 나간다니까. 소득이 아무리 못 잡아도 3키로(30
만원)는 잡아야 하는데. 5, 6마리 잡아야 돼요. 기름값 만오천원

빼고 작살 모가지를 하나 만드는디 이만원이 들어요. 지금은 고 기가 안 나오니까 각시를(부인을) 데리고 많이 댕기제. 〈연구대상 자 J-12〉

어업 장소의 변화

어업에 종사했던 연구대상자들은 금강하굿둑 이전에 대한 어업환 경에 상당히 좋은 추억을 가지고 있는 듯하다. 면담자 중 일부는 하 굿둑 근처에서 어업을 하는 어민들은 하굿둑 근처일수록 퇴적이 많 이 되는 바람에 배가 걸려 어업 시간이 줄고, 잡히던 수산물도 많이 줄었다고 한다. 이로 인해 어업 소득이 줄어들게 되고, 결국 그들은 고군산군도, 더 멀리는 어청도, 왕등도 근처까지 나가서 어업을 한다 고 주장한다. 그러다 보니 어선에 사용하는 기름값이 많이 들어가 지 출이 늘어나게 되고, 이것을 감당할 능력이 없는 어민들은 결국 어업 을 포기하기도 한다고 말한다.

고군산군도 일대로 나가요. 거기까지 나가면 기본이 기름 20리 터짜리 기본이 5통에서 10통 기름이 나가죠. 다 합쳐서 20만원 들죠. 면세유 받아서. 〈연구대상자 J-1〉

얕아지고 다 뻘땅이 다 물이 써가지고 다 나와 버리고. (갯)골이 없으니까 뱀장어를 잡을 수가 없고, 배도 걸리고. 하굿둑 앞부분 거기서 많이 잡아요. (바깥으로 나가 봐야) 없어, 없응게 안 가. 〈연

고군산 군도, 연도까지도 다 나갔죠. 그때선 이제 그냥 다 털어
먹었어요. (어업이) 안 되니깐 계속 투자할 수밖에 있나요. 구조
조정 할 때 폐선 처리할 때 한 2년 전엔가 다 주고 말았어요. 주
고 다 끝나고 말았어요. (지금은) 그냥 심심하면 용돈이나 벌어
쓸려고 딴 배 내가 댕기는데 나가서 며칠 있다 들어오고 그러죠.
(그런데) 아주 고기가 없어요. (어업 말고 다른 수입은) 없어. ⟨연구대
상자 J-8⟩

내수면 어업, 농업 등으로 수입원 변화

하굿둑이 막히기 전에는 하굿둑 내측에서 어업을 하던 어민이
400명 정도 되었으나, 지금은 20척 남짓 된다. 하굿둑이 막기 전에
어업을 했던 한 주민은 하굿둑이 만들어지고 나서 논농사도 하면서
금강호에서 내수면 어업으로 전환해 계속하고 있고, 이를 활용하여
건강원 등 수입원을 찾아 가정경제에 도움이 된다고 한다.

어업은 막기 전에도 조금 했구요. 30년 정도 됐네요. 어업은 부
업이고, 농사도 지었죠. 한 6,000평 정도. 어업 소득은 해마다
틀리죠. 농사하는 것보다 수입이 더 일 때도 있고, 덜할 때도 있
고. 겨울 빼고 어업을 다했죠. 대부분 사매로(소매) 판매했어요.
농사 이제 들(덜) 지어요. 식량 할 것만 지어요. 민물고기, 붕어

때문에 그래요. 다른 건 없고 붕어. 워낙 살기 힘드니까. 수입이 많이 돼서 하는 거 보다도 그냥 워낙 살기가 다들 힘드니까. (잡은 민물고기는) 뭐 안가는 데 없어요. 서울쪽, 부산쪽이나 다 가죠. 저희가 건강원을 하거든요. 직접 잡아서 하니까요. 잘 할때는 한 달에 한 오백 정도. 근데 그게 이제 한두 달이에요. 일년 내내 하면 다 이거 하죠. 주업으로 해야지. 근데 여름에 또 안 되고 봄에도 산란 전에 약간 조금 하고, 이제 지금(11월)부터 1월달까지 해요. 이때가 많이 찾고요. 붕어 영양도 좋고. 냄새는 안나요. 그래서 다 찾는 거에요. 붕어찜으로 가고요, 주로 붕어즙으로 우리가 잡는 거는. 크니까…. (붕어 판매 값이) 소매가 관(4kg)에 3만원이요. 도매로 하면 2만 5천원도 받고 그래요. 가격은 그대로에요. (어업 허가를 받지 못해서) 한 번 단속 걸리면 백만 원 이상(벌금을 내게 된다). 어쩔 수 없이 그렇게 해요, 먹고 산다는 것이 뭐신가. 시에서는 이거 허가를 해주려고 하는데 농어촌공사에서 그렇게 안 해 주네. 자기들이 귀찮다고. 물 관리를 농어촌공사에서 하잖아요. 그니까 군산시장은 농어촌공사 거기 승인만 받아 와라 (그러면) 허가를 해 주겠다 그러는데 농어촌공사 가서 얘기 하면 안 들어줘. 〈연구대상자 4〉

140

금강하구 자연환경의 변화

퇴적의 변화

현재 금강하구는 각종 개발 사업으로 인해 해수의 흐름이 바뀌고 토사 퇴적으로 어업환경이 변화되고 있다. 1990년 10월에 용수공급과 염분 피해, 침수피해 방지를 목적으로 금강하굿둑이 준공되었고, 1994년 10월에 민물과 바닷물이 단절되었다. 1996년에는 장항산업단지 조성과 군산외항 방파제 기능을 목적으로 북측도류제(7.1km)가 축조되었다. 이에 따라 금강하구에 토사가 퇴적됨에 따라 퇴적물을 준설하기 위해 인공적으로 준설토 매립지(2,013㎡)를 조성하였는데, 1984년에 1공구 매립이 완료되었고 2010년에 4공구 매립이 완료되었다. 또한 2006년 4월 21일 새만금 방조제 물막이 완료는 인근 금강하구역의 해수흐름을 변화시켜 어업환경에 영향을 미치고 있는 것으로 어민들은 말하고 있다.

하굿둑 외측 내항 주변의 경우는 금강하굿둑이 막히면서 바다 쪽의 조류가 느려져서 하굿둑 바로 근처인 중동, 내흥동 앞쪽의 퇴적이 빠르고 많이 진행되고 있다. 하굿둑 바로 외측 지역의 경우, 원래 재첩이 많이 잡힐 정도로 모래가 많은 지역이었는데 지금은 펄갯벌이 많이 쌓이고 있고, 이 갯벌을 파서 보면 썩은 냄새가 날 정도라고 일부 주민들은 말한다. 군산 내항 앞에도 퇴적이 많이 진행되고 있고, 예전에는 모래가 많은 풀등이 있었는데 지금은 펄갯벌로 변해 버렸다. 그리고 썰물일 때 수로 폭이 상당히 넓었는데 갯벌이 쌓이는 바람에 폭이 좁아졌고, 쌓인 갯벌 일부 지역에 폐수가 들어오면서 갯벌이 썩을 정도로 냄새가 난다고 한다.

> 예전에는 위(담수호)에서 내려오는 물이 힘이 있어서 토사가 아래로 바다쪽으로 쭉쭉 내려 갔어요. 이제는 물심이 없는데… 토사만 쌓이고 밀고 내려가지 못 하는 거죠. 배수갑문 앞 중동일대 내흥동 일대는 곧 있으면 육지 돼요. 2, 3m 뻘이 올라왔어요. 예전에는 재첩이 나왔어요. 어업을 하면서 살았으니까 알죠. 옛날에는 (물의) 압력에 의해 저(바다)쪽까지 밀고 내려가잖아요. 지금은 위에서 내려오는 것은 앞에 쌓이고 들어오는 것은 그 앞에 쌓이는 거예요. 강하게 흘러나가지 못하도록 (하굿둑이) 방해가 되는 거예요. 〈연구대상자 J-1〉

> (하굿둑 막히고 나서) 보다시피 엄청 많이 쌓였어 지금. 왜 그냐면 그 당시(하굿둑 건설 이전)는 수심이 굉장히 깊고 진짜 이런 큰 배 한 100톤 뭐한 1000톤까지도 들어올 수 있는 수심이 있었어. 그때 당시는 근데 지금은 한 100톤짜리 이런 것은 한 50톤, 한 30톤 이런 것도 못 들어올 정도의 토사가 쌓였어요 지금. 어마 어마

하게 쌓인 거죠. 말할 것 없이. 그만큼 다 뭉쳐가지고 수심이 보통 한 10미터, 20미터, 30미터 들어간 것이 지금은 막 5미터, 막 3미터여. 다 전부가 토사가 쌓였다는 것이여 다. 그리고 인자 항로가 뭐 20미터 짜리가 5미터, 저 뭐 6미터로 얕아져버렸어. 〈연구대상자 J-7〉

맨손어업을 하는 어민들도 하굿둑이 막히면서 하굿둑 외측 갯벌에 퇴적물이 쌓이고 펄갯벌이 쌓이면서 점점 조개들이 사라지고, 발이 깊이 빠져 갯벌에 직접 들어가 작업하기도 어려워졌다고 한다.

장항제련소 근처 소풀에서 백합잽이를 했는데요. 그때는 솔직히 백합 7월, 8월, 9월되면은 1키로에 만원 갔어요. 9월, 10월되면은 만 삼천 원까지 갔어요. 쌀 한 가마니 80키로짜리가 그때 오만 원 했어요. 그랬는데 9월달에 생합을 하루에. 말하자면 우리 아저씨랑 둘이 가서 오십키로를 잡아서 쌀 다섯 가마니를 샀어 그때는. 그냥 뭐 그때는 땅(갯벌)이 얼마나 좋아가지고 물 밑에 가서 그랭이 질도 하고 했는데 얼마 안가서 말하자면 하굿둑을 막았어요. 그래가지고 땅이 뻘이 들어오기 시작한 게. 말하자면 저 장항 소풀이라는 데서 저짝 먹섬이라고 있는데 거쪽으로는 모래가 있지만. 이쪽으로 소룡동 바라보는 쪽은 뻘이 자꾸 차서 그래서 거기는 조개가 없고. 충청도 사람들이 자기 구역이 먹고 살기도 적은데 다른 사람들이 와서 한다고 못허게 싸움도 많이 하고 그냥 허고. 하굿둑 만드면서 뻘이 자꾸 자꾸 차면서 지금은 영 못 허고 있잖아요. 〈연구대상자 J-36〉

금강하굿둑의 영향은 군산 외항 지역까지 영향을 미치고 있다. 죽은 뻘이 쌓이면서 산란장으로서 역할을 하지 못해 어패류가 급격히 감소하고 있다고 말한다.

> 옛날에 20년 전만 해도 수심이 깊었거든요. 지금은 아예 배가 못 들어오고 있어요. 그리고 지금 군산에 3부두, 5부두, 6부두, 7부두까지 생겼거든요. 그런데 둑을 계속 막다보니까요, 완전히 뻘이 자체가 다 썩었어요. 그러니까 매일 준설해요. 일년 열두 달. 비응도 그게 앞에까지 뻘이 오잖아요. 품으면. 그러니까 영향이 많죠. 말도 못하게. 죽은 뻘이 썩어가지고 그 쪽으로 내려오는 거에요. 일년 열두 달 준설해요. 거짓말 안 해요. 항만청 가서 물어봐도 알아요. 계속 토사물이 쌓이니까. 밑에 가라앉으니까 완전히 죽뻘이 되는 거네요. 거기다 새만금까지 막아서. 옛날에 여기가 서식지가 정말 너무 좋았잖아요. 백합 양식장도 어마어마 했었고. 기타 등등 조개류도 엄청나게 많았고. 〈연구대상자 J-16〉

하굿둑으로 인한 영향은 비응도 외측 해역까지 영향을 미친다는 주장이다. 금강의 퇴적물과 유기물이 먼 바다까지 나가서 해양생태계를 잘 유지시켜 줘야 하는데 하굿둑이 막히면서 하굿둑 근처 내외측에 퇴적물과 유기물이 쌓이고, 이로 인해 수질이 오염되고 해양생태계에 나쁜 영향을 미쳤다는 것이다.

> 하굿둑을 막으면서 개야수로 쪽 물 흐름이 좋고 해서 이렇게 돼야 되는데, 토사 쌓이면서 변형이 되니까 고기 서식하는 분포도

가 틀려졌다고 봐야 되죠. 원래 전에는 고기가 나던 것이 안 나고 다른 쪽으로 이게 변형이 되는 거죠. 왜 그냐면 수로가 바뀌니까 자꾸 토사가 쌓여서 그러니까 내가 여기다 산란을 해야 되는데 토사가 없다던가 밀려서 다른 쪽으로 토사가 쌓이고 그러니까 이쪽에다 산란을 못 허고 따른 쪽으로 가요. 그리고 자기네들이 산란하는 곳이 다 틀리잖아요. 뻘하고 몇 프로 있는 데서 내가 여기다 산란을 해야 하고 조개류는 뭐 예를 들자면 백사장 그 모래 끼가 어느 정도 있어야 만이 산란하고 그런 게 있을 거 아니에요. 그런 게 변형이 되니까 서식지역이 바뀌었다 그렇게 보면 돼요. 전체적으로 노랑조개 같은 게 엄청 많았었어요. 어릴 적에도 노랑조개가 굉장히 많았는데 그게 그렇게 많지가 않더라구요. 아무래도 여기 뻘이 많아졌어요 유속이 약해질수록 뻘이 많아져요. 그게 예전에는 배가 가라앉을 정도로 잡았어요. 바지락도 엄청 많아가지고 쉽게 배 뒤집어질 정도로 잡았습니다 바지락을 노랑조개랑 같이. 〈연구대상자 J-29〉

군산시 원나포마을 옆 금강호에서 내수면 어업을 하는 주민에 따르면 강바닥이 예전처럼 모래가 있기는 한데 뻘이 섞여 있는 지역이 많아졌다고 말한다. 하굿둑이 막히기 전에는 금강호로 바뀐 지역과 금강하구가 수심이 깊은 곳이 많았다고 한다.

수심이 옛날에는 막 보통 20미터, 30미터였는데 많이 얕아졌어요. 뻘이 쌓여가지고 지금 막 물 좀 빼내면 배가 막 다니질 못해요 걸려 가지고. (퇴적물은) 예전에 모래가 많아가지고 그 재첩이

라고 있잖아요. 그게 엄청 나왔었어요. 재첩도 그때 잡았어. 〈연구
대상자 J-34〉

물 흐름의 변화

금강하굿둑 건설 전에는 어업이 잘 돼서 어구나 장비가 발달하지
않았어도 수입이 많았다. 그러나 하굿둑으로 막힌 후부터 바닷물이
하굿둑 앞쪽까지 많이 올라가지 못하니까 물고기가 따라 올라 오지
못하게 되었고 그래서 하굿둑 근처에서 잡을 물고기가 줄어들었다
고 언급했다.

> (하굿둑) 막은 이후부터로는 어업하는 게 힘들죠. 왜냐면 하굿둑
> 이 터 있어야 물이 콸콸 올라가고 내려가고 한게. 고기들이 올라
> 오는데 물이 뜬게 막아졌으니까 물이 올라가지를 못 하잖아. 고
> 기가 안 따라 올라와 여기까지. 그게 애로사항이 있어요. 〈연구대
> 상자 J-12〉

> (하굿둑 만들기 이전에) 하굿둑에서 강경까지 가서 어업을 했죠.
> 현재는 하굿둑 밑에서 작업을 하고 있거든요. 그때(하굿둑 만들기
> 이전에) 당시 주 어종은 민물장어(뱀장어)를 잡았죠. 민물장어, 숭
> 어, 농어, 우어, 기타 잡어 거기까지 고기가 다 올라갔으니까요.
> 당시에는 고기가 없어서 못 잡은 게 아니고, 고기 처리할 때가 없
> 어서 안 잡았죠. 민물장어 한 가지를 놓고 보면 그때 당시 8월달,

9월달. 장마철부터 시작하면은 하루에 100키로, 200키로 이런 수준이었어요. 엄청난 숫자였죠. 지금은 하루에 평균적으로 2키로, 3키로 잡기 힘들죠. 그때 기록에 남겨 놓은 것은 없지만 그 당시는 어쨌든 애들 가르치고 다 했으니까요. 하굿둑 막고 나서도 계속 하죠. 밑으로 안 내려가요. 하굿둑 근처에서만 해요. 실뱀장어, 망둥어, 우어도 잡고, 김장때는 김장새우도 잡아요. 주 어종이 실뱀장어이니까요. 우리가 연간소득으로 보면 실뱀장어가 전체 소득의 40프로를 차지했죠. 현재도 그렇고 그전에도 그렇고. 우어는 그전에 같으면 엄청나지만 지금 금년 같은 경우는 돈으로 환산하면 한 3백만원 값 잡는 거 같아요. 경제적 소출은 지금이나 비슷할 거에요. 예전에는 많이 나왔으나 가격이 쌌고, 지금은 적게 나오니까. (잡히는) 우어 양은 많이 줄었죠. 십분의 일로 줄었죠. (김장새우) 자하젓이라고 하고, 백하젓이라고 하죠. 그전에도 잡았어요. 하굿둑을 막기 전보다는 위에로 못 올라오고 여기에 정체되어 있으니까 그 전보다 더 많이 나오데요. 금년에 한 2천만원 값 올린 것 같아요. 망둥어도 많이 줄었죠. 10분의 1로 줄었다고 봐야 되겠죠. (어업소득은) 그때나 지금이나 먹고 사는 살림이 비슷하죠. 경제적으로 봐서는 한 가지 차이가 나는 것이 그전에는 선원들을 여럿 두고 어업을 했죠. 선원 세 명을 두기도 했죠. 지금은 선원을 두면 내가 먹을 것이 없으니까. 내우(부부)간에서만 하는 거에요. 네 명이 먹고서 생활하던 것을 안식구(부인)하고 하다 보니까 세 명이 직장을 잃은 것이죠. 〈연구대상자 J-19〉

〈연구대상자 C-2〉는 어장환경 변화에 대해서 "금강하굿둑 생겨 가지고 조류가 틀려지는 거잖아요. 큰 변화가 뭐냐면. 그 민물하고 갯물하고 안 섞여서 저거 하니까 모든 바다에도 민물에도 많이 섞어 줘야 모든 조개도 잘 산데요. 근데 그게 유통이 안 돼가지고 김 같은 것도 잘 안되고 조개류 같은 것도 많이 없어지고 그렇다고 생각하고 있지요"라고 하굿둑이 부정적인 영향을 끼쳤다고 말했다. 〈연구대 상자 C-32〉는 "민물이 내려오면 모든 고기는 알을 나러 와요 짠데 서 알을 낳은 게 아니야 작은 고기부터 차차 큰 고기가 들어오잖아. 옛날에는 꽃새우가 목상자로 한집에서 100~200개 하루에 잡혔어 요. 지금은 안 나서 엄청 비싸요"라고 생산성 감소에 대한 원인을 말 하고 있다. 〈연구대상자 C-4〉도 역시 "저희 마을로서는 바다 어업에 대해서 생물이 덜 나가지고 겁나게 고생을 많이 했지요. 생물이 나는 게 3분의 1도 안 난다니까. 그 전에는 하굿둑 안 막히기 전에는 어마 어마하게 잡았는데 판매할 때가 없을 정도로 많이 잡았는데, 지금에 와서는 하굿둑 막히면서부터는 생물이 없어져가지고 바둣이 근근하 게 바다로 (어업을) 해서는 하고, 논농사 조금씩 먹고 살고 하는 거예 요. 얘들 가르치고"라고 증언한다.

면담조사 대상자들은 대부분 민물과 해수가 섞이지 않아 어업 생 산성이 떨어지고 생물다양성과 개체수도 급감한 것을 경험적으로 말하고 있다. 더욱이 토사퇴적으로 인해 갯벌의 환경이 바뀌고 수심 이 낮아져 과거에는 멀어야 개야도까지만 어업 활동을 했던 것이 현 재는 멀리 연도나 십이동파까지 가서 어업을 하고 있다고 한다. 어민 들의 수확량이 점점 감소하고, 상대적으로 어업 활동의 연료비용이 증가하면서 어민들의 부담이 가중되고 있다.

칠팔 년 전에는 주꾸미가 말도 못하게 많았어요. 하굿둑까지도 가서 잡고 그랬는데 지금은 주꾸미 종자가 없어요. 그니까 어장 (소라팽이)을 깔지도 않고 그래요. 북방파제 이쪽에 보면 넘어 안 쪽에 났어요, 다른데서 할 데가 없어요. 여기는 겨울에 바람도 안 불면 개야도 밖으로 나가지. 그런데 지금은 바람 때문에 나가 지도 못하지. 이 근처에서만 잡아서 먹고 용돈이나 벌고 하는데, 여기는 주꾸미가 없으니까 어장도 깔지도 안 해요. 옛날에는 겨 울이면 바람이 많잖아요, 날 춥고 바람이 많으니까 어장을 여기 에 설치해서 여기서 먹고 살았어요, 근데 지금은 주꾸미도 없고 여기서 어장을 할 때가 없어요, 그러니까 이쪽으로 나가서 북방 파제 안쪽에서 조금 하죠. 그러다가 삼월, 사월달 되면 바깥쪽으 로 주욱 나가서 하죠. 바람이 불던가 말던가. 고군산쪽으로, 십 이동파쪽으로 빠지죠. 근데 지금은 주꾸미, 꽃게 모두 없어요.
〈연구대상자 J-46〉

하굿둑 막기 전에는 우리가 다 비응도 앞에서 (어업을)했어요. 바 로 가까운 데서. 지금 풍차(풍력발전기) 밑에서. 지금은 토사가 쌓 이고 뻘이 생겨가지고 지금 밖으로 많이 나가서 잡는 추세에요. 말도 밖으로요. 주로 그쪽에서 많이 해요. 십이동파로 가서도 어 업을 해요. 〈연구대상자 J-47〉

수질 변화

금강하굿둑을 막아서 만든 담수호의 수질이 악화되고 있고 매년 녹조현상이 발생하고 있다고 주민들은 말한다. 그런데 이 오염된 물을 배수갑문을 통해 한꺼번에 바다로 나갈 때는 바닷물의 수질이 오염되고 해양생물에게 생태적인 악영향을 주고 있다는 주장들이다. 〈연구대상자 J-1〉은 이러한 현상을 줄이기 위해서라도 해수유통을 빨리 진행해야 한다고 주장한다.

(해수 유통을) 빨리 해야지. (수문) 다는 못해도(모두는 열지 못해도) 한 두 개는 (개방을)빨리 해야지. 뇌가 혈관이 막혀서 죽는 거잖아요. 막으면 썩게 되어 있어요. 실제로 제가 저렇게 녹조가 생기는 것은 처음 봤어요. 하굿둑 위에 올라가 봤어요. 수질오염된 것을 누가 먹겠어요. (그런데 오염된) 물고기를 국민이 먹고 살어요. (금강하굿둑 건설) 사업 추진했는데 잘못되면 환원시켜야 한다는 얘기입니다. 하굿둑에서 잡은 숭어는 군산 사람들은 안 먹어요. 다 서울로 올라가요. 왜, 아니까 안 먹는 겁니다. (물고기가) 오염되어서 냄새가 나죠. 삶아도 냄새가 나요. 녹조는 날씨가 문제가 아니라 해수유통이 안 되기 때문에 뻘 속에 있는 기존의 종패 등이 죽어서 부패가 돼요. 그럼 또 치어 새끼가 그것을 먹고 기형아가 되고, 그 고기를 우리가 잡아먹고. 하나를 얻으면 열을 잃어요. 그런 식이 되는 것예요. (이때 수문을 열 때마다) 바다를 오염시켜요. 하굿둑을 건설해서 물을 얻지만 물을 얻는 만큼 엄청난 리스크가 나는 거죠. 안 좋은 물을 농사로 끌어 쓰고 공업

용수로 쓰겠어요. 이끼 낀 물을 쓰고 싶어 하겠어요. 이건 시행
착오예요. 시간이 많이 흐르니까 더 악순환이 되는 겁니다. 〈연구
대상자 J-1〉

　금강호에서 내수면 어업을 하는 면담자도 같은 내용으로 담수호
의 수질이 예전보다 나빠졌다고 한다. 특히 2015년에는 상류지역에
가뭄이 발생해 유입수가 줄어들어서 그런지 2014년보다 녹조현상
이 더 심해졌다고 말한다.

　수질은 그 전(하굿둑 만들기 전)하고 틀리죠. 수질이 떨어지죠. 나
쁘죠 수질이. 오염이 많이 되었다는 얘기예요. 옛날에는 색깔로
는 뻘물이기 때문에, 조수가 있기 때문에, 여기는 뻘이잖아요 전
부가. 금강은 뻘로 다 이루어졌잖아요. 그러니까 뭐 들어오고 나
갈 때 전부 흙물이에요. 그러니까 그 색깔로는 오히려 더 안 좋았
죠. 이제 또 물이 이렇게 한 번씩 빼잖아요. 일주일에 두 번 뺄 때
도 있고, 비 많이 오면 장마 때는 계속 한 15일 정도 열어서 빼거
든요. 보통 가물어도 수위는 많아가지고 물이 내려오는 데가 많
아 가지고, 일주일에 한 번 정도는 빼요. 그러니까 수질이 좀 그
나마 살아요(좋아져요). 좀만 더 오래 가둬 놓으면 썩지요. 물이
라는 것은 아무리 좋은 물이라도 오래 가두어 두면 썩어요. 지금
은 이제 안 좋은 건 녹조가 많이 생기죠. 날 더울 때는 금년(2015
년)에는 비가 안 와 가지고 녹조가 유달리 심했어요. 막 늦게까
지 있었는데, 8월달까지 심했으니까요. (녹색) 페인트 막 덮어 놓
은 것 같이 생겼어요. 그러니까 물고기도 없죠. 작년(2014년)에

녹조가 발생한 금강호의 모습(2019년 8월 21일).

비해 양이 반도 안 돼요. 죽은 물고기는 잘 못 봤어요. 그러니까
녹조 낀 데다 어망을 넣어보면 없어요. 안 낀 데가 있어요. 걔들
이 피해 다녀요. 〈연구대상자 J-4〉

더욱이 4대강 사업을 하면서 금강 본류에 3개 보(세종보·공주
보·백제보)를 건설함에 따라 금강하류로 내려오는 물의 양이 더 감
소했다. 그 결과 금강의 물이 하굿둑 내측에 정체되는 기간이 길어지
게 되면서 녹조현상이 심해지고 수문을 개방해 바다로 흘려보내는
물의 양도 줄었다. 금강하구 생태계는 더 심각하게 훼손되고 있다고
한다.

그것(보) 때문에 영향이 많죠. 그나마 보를 만들어가지고 백제보

위에서는 물고기가 떼죽음 당했잖아요. 〈연구대상자 J-4〉

백새우 같은 건 완전 전멸이야. 그거 4대강 사업한 이후로 백새우가 안 나와 버려. 4대강 사업 안 했을 때 많이 나왔어요. 수문 가끔 염으로 인해서(열어서) 조화가 생겼어. 새끼도 많이 까고. 근데 4대강 공사 한 이후로부터는 아예 전멸이에요. 안 나와 버려. 2년간 안 나와 버리는 거여. (하굿둑 바깥으로) 그만큼 민물이 안 내려오고, 흐름이 약해졌다는 얘기지. 〈연구대상자 J-34〉

금강 포구들의 역할 변화

금강하굿둑 건설 전에는 논산의 강경포, 익산의 성당포와 웅포, 군산의 서포와 원나포 지역에 많은 배들이 있었다. 경제 활동을 위해 많은 사람들이 살았고, 주변지역과도 왕래가 많았다. 또한 서천군 신성리 상지포, 용산리 후포, 화양면 옥포, 신아포, 서천읍 길산포와 같은 지역도 금강하구를 통해 물자와 문화교류가 이루어지던 곳이었다고 회상한다.

신성리 건너 마을 전라도 곰게(웅포) 사람들이 한산장에서 염생이, 개 같은 거 날짐승을 시장에서 사다가 팔곤 하였다. 짐승은 배삯을 안 받고 사람만 받았다. 나룻배 흰색 깃발을 들으면 금강 건너에서 깃발을 신호로 사람들을 태우러 다녔다. 나룻배 한 번 타는데 30원 일 때도 있고, 50원 일 때도 있었다. 처음에는 사람이 많았는데, 차차 금강이 발달되어 손님이 떨어졌다. 〈연구대상자 C-5〉

미산장, 한산장에 가서 황석어는 팔고, 마을로 사러 오는 것은 황석어, 농어가 있었다. 그나마 뱅어를 잡아서 갈대를 이용해 만든 바구니 '우께'를 이용해 지게위에 얹어 장에 팔면 1년 먹고 살았다. 〈연구대상자 C-6〉

〈연구대상자 C-5와 C-6〉이 말하는 것처럼 금강하구의 포구(浦口)는 어업과 직접적인 관련이 없더라도 다른 용도의 사회·경제 활동에 중요한 역할을 하였다. 하지만 하굿둑이 막히면서 바닷물이 들어가지 못하자 포구로서의 역할을 상실했다. 강경포구에 사는 〈연구대상자 J-32〉는 하굿둑이 막히기 전에는 강경이 포구로서 활발한 역할을 담당했으며 경제적으로도 활발한 곳이었다고 말한다.

강경은 하굿둑이 막히기 전에만 해도 각지에서 새우젓을 배로 넣는다 해가지고 엄청 많이 왔거든. 다 배로 왔잖아. 지금은 없어. 어디 가서 강경이라면 다 알아주잖아. 포구가 있었고. 다 여기 배가 저 풍선배로 나가서 사 오는 거지 배가. 근데 지금은 차로 와서 사 오잖아요. 그만큼 손님이 떨어지는 거지. 새우젓이 어떻게 하굿둑 막았는데 배가 들어오냐고 그러면 할 얘기 없잖아요. 하굿둑 없어서 배로 들어온다 하면 인정하는데 새우젓을 차로 사오냐고 하니 누가 곧이 곧대로 인정하냐고. 배로 가져올 때 그걸 '맛젓갈'이라고 한거지. 젓갈집도 안된다 이거에요. 소금도 다 배로 사 온거에요. 멀리서 사 온거에요. 군산보다 원래 강경이 더 컸었어요. 나 어렸을 때에도 고기 잡으러 다니다 보면 군산에는 포(구)에 배 없었어. 전부 다 강경에 들어왔지. 그래가

지고 배가 일일이 들어와가지고 하다가 자꾸 토사가 쌓이고 하
다 보니까 안 들어 왔지. 조금 더 있다가 중선들 큰 바다에 나가
서 고기 잡아 오는 배들이 생겼고, 그 배들이 조금 들어오다가 여
기 토사가 쌓이니까 안 들어 와 버리고. 돈도 강경이 엄청 많이
들어온 거에요. 〈연구대상자 J-32〉

어민들의 갈등과 경쟁 심화

하굿둑 막기 전에는 어업허가권 없이 어업을 하는 경우가 많았다. 어패류가 많이 서식하여 어업 소득이 높았고, 어민들 간에 경쟁도 별로 없어서 규제에 대한 필요성이 별로 없었다. 그런데 하굿둑을 막고 나서 어업을 하는 작업 구역이 줄어들었고, 이로 인해 어민들 간에 경쟁이 심화되고 갈등도 발생하고 있다.

> 그 전에는 위에까지 조업 구역이 길게 많았잖아요. 어민들 인심이 좋았어. 자리 싸움이 안 돼. 죽 넓으니까. 지금은 갈 데가 없으니까 좁은 공간에만 있으니까. 서로 자리 싸움이 되는 것이지. 군산 같은 경우 선점한 사람이 포기하지 않는 한 다른 사람이 그 자리를 차지하지 않는다는 그런 질서가 돼 갖고 있어요. 자리 좋다고 하는 사람은 하루에 백만 원을 잡는디 자리 나쁜 사람은 십만 원, 이십만 원 잡으니 이 사람들 죽을 일이지. 옛날에 수문을 열었을 때는 자리가 넓으니까 어디를 가든지 거의 비슷비슷한 고기가 나왔죠. (지금은) 차이가 많이 나고, 진폭이 심하죠. 실뱀

장어도 그래요. 〈연구대상자 J-19〉

실뱀장어 허가권이 있는데 그걸 옛날에는 그런 거 안 따졌어요. 옛날부터 하고 있는데 지금 하도 토사가 쌓이고 강이 좁아지고 하니까 싸움이 나니까 그게 발등이 걸린 거여 실뱀장어가. 몇 년 전만 해도 실뱀장어 허가권 알아주지도 안 했어. 있으면 뭐하나 했어. 봄이면 싹 하고 바다로 나가 버리니까 그거 필요가 없잖아요. 허가 있는 사람들은 군산에 스물 몇 척이고 서천에 스물 몇 척, 한 사오십 개 될 거에요. 쭉 배가 있어가지고 똑같이 같이 합동을 해가지고 잡기 때문에 마찰은 없었어. 근데 저 군산항 앞으로 내려간 사람들이 마찰이 많지 이제. 거기가 왜 그러냐면 골은 좁고 잡는 배는 많고 하니까 항만으로 배 길에다 닻 놓고 잡고 하니까 사고가 많이 나고 했어. 그래가지고 하다 보면 우리까지 피해가 있는 거에요. 왜 그러냐면 거기만 배를 비켜주면 되는데 왜 거기만 비키고 위(하굿둑 근처)에는 그대로 두냐고 항의를 하지. (하굿둑 근처에서는) 피해는 아무것도 없는 데도. 〈연구대상자 J-33〉

잡히는 어패류가 줄어들어 허가받은 업종만으로는 수입이 많지 않아서 어업허가권이 없이 어업을 하는 경우도 있다. 실뱀장어를 잡는 어민들 중에는 전국실뱀장어어민유통연합회를 구성해 실뱀장어 가격을 떨어지지 않도록 조절하는 역할을 한다. 실뱀장어잡이 허가를 받은 사람들과 허가를 받지 않고 어업을 하는 사람들 간에 갈등이 없다고 하는 분도 있다. 하지만 실뱀장어잡이 허가를 받지 않은 어민들은 면허 허가 확대를 요구하고 있고, 기존에 허가를 받은 어민들이

배를 과다하게 갖고 어업을 하고 있다고 불만을 토로한다.

(하굿둑 막기 전에) 어업하는 사람들 끼리 서로 간에 이해를 하고
그렇지. 그때 사이는 더 좋았죠. 그 사람들 전체가 와서 서로 알
고 지내고, 지금도 알고 지내는 사람들 많아요. 당시 왔던 사람
들이 협력이 되고 서로가 와서 이쪽 와서 잡으라고 하고 서로 알
려주고 그랬는데, 지금은 알려주는 것이 아니라 밤에 홀딱 갔다
오고, 밤에 나가서 자기만 잡아서 싹 들어와 버리고, 표도 안나
게. 공동체가 완전히 사라졌어. 서로 뱃사람들도 고기가 안 나니
까 서로 으르렁 거리는 거야. 신고 정신이 많아 가지고 서로 (어
업을)못하게 해. 앞으로는 뱃사람들 끼리 더 심해질 거야. 〈연구대
상자 J-33〉

여기가 사실 한 가지 좋은 것이 군산시, 서천군 합쳐서 실뱀장어
허가가 나온 것이 49건밖에 안 되거든요. 군산은 24명, 서천은
25명이요. 그런데 허가를 가지고 실질적으로 조업을 하고 있는
사람들은 군산, 서천 장항 합쳐서 25명 정도 되고. 같이 조업을
하는 무허가 업자들이 약 80여명 되거든요. 다른 데는 무허가와
대립 관계가 서잖아요. 우리는 서로가 공생관계, 같이 먹고 살아
야 한다 그거죠. 민원제기 안 시키죠. 무허가를 단속하면 우리
허가자들이 뭐라고 하냐면, 그 사람 변론을 해주는 거죠. 이 사
람들 실뱀장어 같이 잡았던 사람인데, 그때 당시 허가를 낼 때 배
여건이 안 좋아 허가 취득을 못했다는 것뿐이지. 조합은 우리하
고 다 같이 한 사람이라고 하면서 허가자들이 같이 먹고 살자고

하는데 우리가 왜 그러냐고 말리죠. 우리 군산, 장항 쪽은 그렇게 해가지고 허가자들이 항상 같이 나갈라고 하죠. 그렇게 해야죠. 전체적으로 백여 명 될 거에요. 우리가 파악이 안돼서 그렇지, 조업한 사람이 백여 명 돼요. 〈연구대상자 J-19〉

뱀장어와 숭어 등 물고기를 잡는 연안 안강망은 닻을 내려 고정시킨 배를 이용하는 것은 허가가 없고, 바지선을 이용하는 것만 허가가 있다고 한다. 그런데 바지선으로 하는 것은 물살이 금강하구 지역처럼 어느 정도 빠른 곳에서는 사용하기 어렵다고 말한다. 어부들 사이에 어업방식의 차이로 인한 갈등도 만만치 않다고 주장한다. 이같은 발언은 자신들과 다른 방식으로 어업을 하는 이들에 대한 적개심을 잘 보여주고 있다.

전라북도는 조업 장소가 좁아요. 그러다 보니까 배들은 여기 근방에서 트러블(마찰)이 생긴다고요. 자망들하고 형망들하고 조망들하고. 제일로 고통받는 것은 형망들이에요. 제일로 트러블 많은 것은 형망하고 자망이에요. 〈연구대상자 J-10〉

멀리 나가면 이놈의 방배들 형망, 조망들이 싹 끌어가버리고, 끌어가버린 게 멀리도 못 나가고, 꼭 그렇게 안에서만 하다 보니 그렇게 돼요. 조망들은 허가를 꽃새우만 잡으라고 내 준 허가에요. 한시 면허로. 근데 그 사람들 꽃새우는 안 잡고 꽃게나 주꾸미나 그런 것만 잡을려고 밤이면 밤마다 남의 어장을 와 쓸어가요. 그러니까 못 해 먹어요. 또 형망들이 싹 쓸어가 버리지 밤이

면. 그물 한 폭에 2만 2천원 주고 가서 백포 2백 20만원어치를
사다가 깔아 놓아요. 방배들은 하룻밤 사이에 싹 끌어가 버려 하
나도 없어요. 그물 빼러 가면 그물이 있어야죠, 다 끌어가고 없
으니. 해 먹을 수가 없어요, 이놈의 방밤배들 때문에. 〈연구대상자
J-45〉

어족자원이 감소하고 소득이 줄어들자 행정관할권별로 나누어진
허가구역을 넘어가서 어업을 하게 되고, 이로 인해 어민들 사이에 갈
등이 발생하고 있다고 언급한다.

저 같은 경우는 지역상으로 마찰이 있긴 해요. 왜냐면 그쪽에서
우리 쪽으로 많이 와서 어종을 하다보니까. 장소는 적지. 이 쪽
에 허가권 없어도 그쪽에 양이 없으니까. 그나마 이쪽에 조금 터
가, 어장터가 좀 넓다 보니까 이쪽으로 넘어 와서 마찰이 많이 생
겨요. 그쪽 사람들은 자꾸 이쪽으로 오려고 통합이네 뭐네 하고
해수유통 시키네. 물론 해수유통 시키면 이익도 있지만, 그런 관
계에서 많이 주장하고 있죠. 충청권에서. (그래서 충청권 어민들 하
고 관계가)좋을 수가 없어요. 생존권이라. 한 사람, 한 어업권만
오는 게 아니라 한 어업권 와버리면, 전체가 오면 충청 전체가 와
버린다고 보면 되요. 그럼 장소가 좁아진다고 봐야지. 〈연구대상자
J-18〉

(어업구역이)행정구역으로 나누어져 있는데 어민들이 어업하러
가다보면 뭐 구역을 잘 모르잖아요. 지역을 전라도 사람이 충청

도 와 가지고 작업하면 지역 위반이 돼서 잡아 이게 벌금 물려. 그러면 또 충청도 사람이 전라도 와서 그런 일이 생기고 하니 마찰이 맨날 생겨. 바깥쪽 바다인데 조업을 하러 장항서 개야도로 해서 연도 쪽에 가잖아. 비응도 가면 거기다 경계선을 만들어 놨어요. 그 때(하굿둑 건선 이전)만 해도 갈등이 없었어. 이쪽에서 잡든 저쪽에서 잡든 워낙에 많이 나오니까. 근데 지금은 고기가 안 나오니까 많이 나오는 쪽으로 가려니까 서로 경쟁이 심해 가지고 못 오게 하는 거야. 더 심해져 갈수록. 〈연구대상자 J-33〉

어업소득이 줄어들면서 어민들 사이에 경쟁이 심해지면서 신뢰가 깨지고, 어민공동체의 결속력이 약화되고 있는 것으로 보인다. 지나치게 많은 그물이 설치되어 있거나 어업 장소를 표시하기 위해 설치된 시통닻줄로 인해 이동하는 배가 걸려 사고가 발행할 우려도 있고, 불법 어업이 더 심해지는 등 악순환이 발생하고 있다고 한다.

수문 열 때 어업 장소를 표시해 놓은 시통닻줄에 스쿠류가 걸려 배가 뒤집어 질 수가 있어. 그걸 캐가야 하는디 만약 그거 걸렸다 하면 사건 나는 거지. 그 이거 누구꺼냐 왜 안 캐가고 이렇게 됐냐 위험한디. 수문을 열면 실제 물속에 들어가 버려 들어가 잘 안 돼. 배가 달카닥 걸렸다 하면 배가 물속에 들어가 버려 없어져 버려. 그 줄이 다 쓸 자기 자리라. 실뱀장어 잡는데 원래 옛날에는 다 뺐는디 그 시통같은 게 하나도 없이 다 뺐는데 지금은 자기 땅같이 써 버려요. 그 줄이 스쿠류 감았다 하면 막 물이 싸게 내려가니까 바다 속으로 들어가 버린다고. 시통으로 표시를 해 놓으면 남들이 침범 못 해. 그러니께 표시를 해 놓는 거야. (하굿둑을) 막기 전에는 다 뺐어요. 하굿둑 막은 이후로 어업소득이 없고 배는 늘어나고 배가 들어갈 자리가 없고. 네 차 같이 내가 들어갈 자리가 있어야 하는데 전부 없잖아 다 배들이 많은 게 표시를 해 놓는 거야. 저 바닷가 쳐다보면 맨 시통이야. 부이(부표) 떠 있는 거. 원래 해경들이 다 치우라고 하거든 바다에 위험하니까. 근데 이게 우리나라는 시방 사고가 나야 어디 이걸 치울라 하지. 사고 안 나면 놔둬 버리잖아요. 나중에 사고 난 다음에 하면 늦잖아요. 그렇게 놓고 다닌 게 딱하나 감았다하면 물이 싸지 배가 뒤집 어져버리지 그니까 위험하죠. 그니까 잘 피해 다녀야죠. 피해 다 니긴 다니는데 그게 원래 원칙은 빼야 해요. 밤에라도 캄캄한데 저 수문 열어 보면 큰 배들도 물속으로 들어가 버린 게 물 차가지 고 막 물이 압력이 싸니까. 물이 차니까 배가 일어나지 못하고 쳐 박히는 거야. 물이 넘어와 들어가는 거야. 빼라고 안하니까 가만 히 있지 불법이지 불법. 바다를 깨끗이 해야 하는데 지금도 구질 구질 한다. 조금 있으면 막 시통 꽉 찼어요 배 다닐 데도 없어.

〈연구대상자 J-12〉

어업 소득이 감소하면서 해당 기관에 대한 어민들의 불신과 불만 이 깊어지고 있다. 일부 어민들이 민원을 제기하고, 어민들 간에 갈 등이 깊어지는데도 해당 기관은 갈등 해결을 위한 적극적인 노력을 기울이지 않는다. 어민들은 어업환경 조사와 함께 이해당사자들의 합의 과정을 통해 대안을 마련해야 하는데 잘 진행되지 않는다고 한다.

금강하굿둑 이외에 다른 개발 사업으로 인한 영향

　금강하굿둑 건설(1990년 준공) 이외에도 군산일반산업단지(1995년) 및 군산국가산업단지(2007년) 조성, 군산 항만시설 증축(1995년 ~2011년), 유부도옆 북측 도류제 건설(1997년), 새만금 방조제 건설 (1991년~2006년, 2010년에 준공), 군산LNG복합화력발전소 건설 (2009년), 해상에 만들어진 준설토 투기를 위한 해상매립지 조성 (2012년), 동백대교 건설(2018) 등이 금강하구의 생태계에 많은 영향을 미치고 있다. 이로 인해 어민들은 많은 피해를 받고 있다고 말한다.

　　개야도 앞에 북방파제 안쪽이나 '밝은 여'라는 쪽으로 나갔어요. 그러니까 그때는 유부도 쪽이 황금바다였으니까 소라, 배꼽이라는 게 그때만 해도 수도 없이 많았고, 다른 잡어들도 엄청 많았었죠. 우럭, 돔 할 거 없이. 거기가 민물이 교차되는 지역이라 산란할 때도 많았고, 그런 걸 기수지역이라고 하잖아요. 거기가 하굿둑 막고도 한 1990년대 말까지는 괜찮았어요. 그게 이쪽 새만금

쪽을 완전히 막으면서 산란 터가 없어지니까 더 없어진 거고. 옛날에는 해안선의 굴곡이 많아서 모래가 잘 있었는데 해안선이 직선으로 되면서 모래가 다 떠내려 가고 뻘이 많아지니까 산란을 해도 알이 뻘에 파묻혀 버려요. 물고기들이 산란을 하려면 장소가 아늑해야 하고 그래야 되는데 그런 장소가 없어지기도 했고. 그러니까 산란을 해도 파도에 알들이 쉽게 휩쓸려가고 그렇게 되는 거죠. 부화가 되지 않을 환경이 돼버린 거죠. 옛날엔 황금어장이었지 정말로. 도미 이런 것도 엄청 많았으니까. 〈연구대상자 J-13〉

도류제 길이가 7, 8킬로나 되죠. 도류제로 인해 원래 있었던 물길이 없어졌어요. 도류제가 생태변화에 큰 교란을 준 거에요. 원래 물이 하굿둑으로부터 해망동으로 내려왔다가 개야도로 빠지고 비응도로 빠지는 물길을 막아버렸잖아요. 그니까 유부도 앞쪽 뻘이 썩어버리고 있어요. 토사가 매일 쌓여서 준설을 해요. 준설을 매일 해요. 왜냐면 큰 배가 들어가 왔다 갔다 해야 하는데 못하니까. 옛날에 (도류제를) 막기 전에는 유부도 앞쪽과 제련소 앞쪽으로도 뻘이 생태가 좋았어요. 근데 지금은 거의 뭐 수질 검사해도 형편없고 아주 심각하다고 봐요. 〈연구대상자 J-37〉

새만금 막는 바람에 이제 어민들은 다 죽었다고 봐야 해요. 생계도 막막하다고 봐야 해요. 물 흐름이 김제 하제쪽에서 내려오는 만경강 물 하고 금강하굿둑에서 내려가는 물 하고 합쳐져 가지고 좋았어요. 토사도 안 쌓이고. 근데 새만금 막고 나서 그 주위

에는 토사가 엄청나게 쌓여 있고, 이제 비응도항에 물이 썰물 때
는 아예 배가 못 뜰 정도에요. 토사가 자꾸 쌓여서. 새만금은 당
연히 (해수유통을)해야 해요. (방조제) 중간에 숨을 냈으면 좋겠어
요. 완전히 썩고 있지 않습니까. 해수유통 해야 맞는 얘기에요.
〈연구대상자 J-16〉

주로 하굿둑 영향을 받기는 하기만 새만금 막으면서 많이 소득
이 줄었죠. 물 조류도 틀려지고, 각종 산란 장소도 많이 없어지
고 해서 좀 소득이 새만금 막을 때부터 줄었죠. 새만금 막으면서
물 흐름이 바뀌니까 산란 장소가 자동으로 없어졌죠. 〈연구대상자
J-17〉

(해상을 매립해) 준설토 투기장이 생김으로써 금강하구가 좁아지
면서 많은 영향을 미치죠. 물기가 올라오는 것이 제대로 올라오
지 못해요. 수심이 있어야 제대로 올라가고 내려갈 것 아닙니까.
〈연구대상자 J-21〉

금강하굿둑 해수유통에 대한 의견

주민 면담조사에서 어촌지역 주민들과 금강하굿둑 내측 주민들의 하굿둑에 대한 인식에는 차이가 있는 것으로 나타났다. 금강하굿둑 외측의 주민들은 대부분 직접 어업활동을 하는 경우가 많아 금강하굿둑에 대해 부정적으로 생각하고 있다. 이유는 산란장으로써의 기능을 하지 못하고, 과거 기수역 고유어종과 개체수가 급감하고 있는 것으로 생각하고 있다. 일부 주민들은 바다와 갯벌이 과거처럼 풍요롭기 위해서는 기수역 복원이 필요하다고 생각하고 해수유통의 필요성을 제기하고 있다. 이와는 좀 다르게 금강하굿둑 내측에 거주하는 주민들은 금강하굿둑을 없애는 것은 농업용수 공급이 어려워지기 때문에 농사짓기가 어려울 것이라 생각하고 있다.

어업을 주로 해왔던 어민들은 금강하굿둑의 해수유통에 찬성하는 경우가 대부분이다. 하굿둑을 통해 해수유통이 되면 민물과 썰물에 의해 바닷물과 민물이 잘 섞여서 녹조현상 등 수질오염이 발생하기 어렵고, 오히려 유기물이 민물에서 바닷물로 공급되어 해양생태계에 많은 도움을 줄 수 있다고 말한다. 그래서 대부분의 어민들은 해수유통에 대해 찬성하는 입장이다. 하지만 행정기관이 이와 같은 어민들의 입장을 듣는 기회도 거의 갖고 있지 않다고 한다.

(해수유통에 대해) 백프로(전부) 찬성하죠. 해수유통이 아니더라도 부산 같이 그냥 항상 자연적으로 흘러나가게 끔 그래야만 저 물도 살아날 것 아닙니까. 바닷물이 들어가면 더 좋은 데 그렇게 안 되면 녹조를 해결하기 위해서도 수문을 내려서 물이 내려오게 끔 해야 해요. 눈에 보이는 소득보다 눈에 안 보이는 소득이 엄청난 것이라고. 더 큰 데 일단 눈에 보이니까 내 손에 돈이 들어오니까 그러지만. 그 안 보이는 게 녹조 생기면 방지하는데 돈 들어가지. 모든 생물이 죽어나가서 산란도 안 되지. 여기 산란하러 고기가 얼마나 옵니까. 산란장이 다 없어져 버리면은 눈에 안 보이는 소득이 진짜 소득인데. 우리 재산 아닙니까. 그것을 다 없애버린다고. 우선 당장 먹기 좋은 게. 〈연구대상자 J-3〉

저 하굿둑을 안 막았어도 웅포대교까지 가서 썰물과 밀물이 섞이는 데서 (물고기들이) 부화(산란)를 하는데 하굿둑이 막으니까 잘 안되죠. 어로 만든 것도 잘못된 거예요. 물이 들어올 만하면 문을 닫아버리는데, 열어놔야 고기가 왔다 갔다 하지. 시라시(실뱀장어)나 들어오지 다른 고기 못 들어와요. 그걸 24시간 개방해 놔야 왔다 갔다 하는데. 하굿둑 수문 몇 개만 터도 실뱀장어 말고 (다른 물고기들도) 들어오는데. 서천군 신성리 갈대밭에 서천군에서 소금을 일 년에 몇백가마니 뿌린데요 돈 줘 가면서. 수문 세네 개만 트면 바닷물이 그쪽까지 간다고 하더라구요. 그런데다가 보령 쪽으로 3월부터 물을 빼간다 하더라구요. 그럼 물 더 썩어요. 물이 더 안 내려오니까.〈연구대상자 J-22〉

금강(하굿둑)이 열리면 첫째는 강이 살으니까 우리야 잡고 못 잡고를 떠나서 금년같이 가뭄이 들면 녹조가 상류는 좀 덜한다고. (그런데) 가뭄이 오니까 물도 늦게 뺀다고 비가 안 오니까 녹조는 꽉 끼지. 녹조가 꽉 쩔어버렸어. 녹조가 쩔어서 냄새가 폴폴 난다니까. 손으로 하면 손을 못 닦을 정도였으니까. 밑에는 심했고 여기는 좀 덜 했지. 여기도 부여까지 녹조가 다 있지.〈연구대상자 J-31〉

하지만 일부 어민들은 해수유통에 대해 동의를 하지만 하굿둑 만드는데 돈이 많이 들어가서 정부가 해수유통을 결정하기가 쉽지 않을 것이라고 말한다.

말들은 저걸 헐어야 하네 어쩌네 하는 디. 수문을 헐어야 뻘도 파지고 하는디. 근데 그게 우리 마음이지. 그게 후딱 되질 안잖아요. 돈이 얼마나 많이 들어 갔어요 하굿둑 만들면서.〈연구대상자 J-12〉

농업을 하는 주민들의 답변은 금강하굿둑 건설에 대해 호의적인 반응을 보였다. 금강하굿둑 건설 이후 금강 주변에서 농사 짓기가 편해졌다는 주장이다. 원래 금강 주변에서 농사를 짓는 것은 쉬운 일은 아니었다. 바닷물과 민물이 만나는 기수역의 특성을 가진 금강하류의 농지는 바다에 인접해 있어 염분피해와 침수피해가 있고 안정적인 농업용수와 생활용수 공급이 필요하게 되었다. 하지만 1990년 금강하굿둑이 완공되고 1994년 민물과 바닷물이 들어오지 않게 되면서 금강 주변에서 농사를 짓는 농민들은 농업용수를 이용하기가 좋아졌다고 말한다. 가뭄이 와도 물 공급이 그리 어렵지 않아서 농사짓기가 편하다고 말한다.

따라서 금강호의 물을 이용해 농사를 짓는 농민들은 하굿둑 해수유통에 대해 부정적이다. 특히 가뭄 때 금강호 물이 공급되지 않았으면 농사를 짓기 어려웠을 것이라고 말한다. 금강하구 생태계 복원을 위해 해수유통을 하기 위해서는 농업용수, 공업용수 등 물 이용에 대한 대안이 마련되어야 가능할 것으로 예상된다.

(어업을 해서 돈을) 버는 사람 위주로 하면 물론 (하굿둑을) 터 줘서 왔다 갔다 하면 고기가 많이 생기고 좋죠. 근데 뭐라고 할까 대중을 생각하면 이건 터서는 안 되죠. 첫째 금년(2015년) 같은 경우 이게 하굿둑이 없었으면 여기 농사는 하나도 못 먹었어요. 완전히 못 먹었죠. 그전에는 여기 하굿둑 막기 전에는 흉년이 많이 들었어요. 비만 안 오면. 근데 (가뭄이 심한) 금년 같은 경우는 그냥 하나도 못 먹었죠. 〈연구대상자 J-4〉

이(금강호) 물로 농사도 짓잖아요? 그러죠, 농사를 다 짓죠. 여기 하굿둑 위에서부터 해가지고 전라도하고 충청도 하고 해가지고 중간 중간에 양수장이 있어요. 〈연구대상자 J-34〉

가물면 (하굿둑을) 잘 막았다고 생각하죠. 농사보다도 이게 김제
까지 간다고 해요. 저도 (물길) 통관작업 할 때 가서 작업을 하고
날 일꾼으로 일을 해 봤어요. 여럿이 좋으니까 좋은 거죠. 이 물
을 보령댐으로도 보낸다고 하잖아요. 부여에서 보내나. 이게 대
단한 강인가 봐요. 〈연구대상자 J-35〉

농업용수에 대해 긍정적인 영향을 끼치더라도 금강호 수질악화에
대한 문제제기는 계속되고 있다. 계속 수질이 악화되면 금강호는 농
업용수로 사용하기에도 어려운 상황에 직면할 수 있다는 우려를 표
현한다. 수질개선을 위해서는 해수유통이 대안인 것으로 많은 전문
가들이 제기하고 있으나 안정적인 농업용수 공급과 수질개선이라는
공통의 해답이 필요한 상황이므로 해수유통을 통한 기수역 복원은
농업용수 이용에 불편을 느끼지 않도록 대안을 마련하면서 진행해
야 할 것이다.

새만금 방조제 공사 완료로 인한 악영향

금강하구에서 어업을 하는 어민들은 새만금 방조제 공사가 완료된 이후 새만금 방조제 외측에서 해류의 방향이 바뀌고 해류의 유속이 약화되었다. 그리고 만경강, 동진강을 통해 외해로 유출되던 퇴적물과 유기물이 급격히 감소함에 따라 새만금 방조제 외측 바다의 바닥이 모래가 많던 지역들이 죽뻘이 쌓이고 어장이 황폐화되고 있다. 이같은 영향이 금강하구의 군산 해역뿐만이 아니라 서천의 갯벌과 바다, 그리고 더 먼 바다인 왕등도 지역까지 영향을 미치고 있다. 그 결과 주민들은 금강하굿둑의 해수유통이 더 절실하다고 생각하고 있다.

여기(금강하굿둑)도 막았지, 더불어 새만금을 막아서 물길을 차단하다 보니까 지금이니까 장비로 많이 고기를 잡지만 옛날에는 경험으로 잡았거든요. 하도 하다보니까 지역에 익숙해요. 근데 그 식으로 경험을 하다보면 착오가 많아요. 지금 장소가 해마다 바뀌어요. 맨날은(하루에) 아니고 한 번에 바뀌는 게 아니라 서서

172

히 바뀌기 때문에 제가 볼 때는 일 년에 한 번씩은 바뀌는 거 같아요. 산란장소가. 그 만큼 물길도 없고 하다 보니까 바뀐다고 봐야죠. 첫째 수심부터 어마어마하게 얕아졌는데, 하구 밑에 까지죠. 예를 들어서 우리 같은 경우는 지형으로 말하면 비응도 바깥 한 3마일까지. 말뚝까지 바뀌었다고 봐야죠. 수심이 어마어마하게 바뀌었어요. 옛날 같은 경우에는 모세(모래)가 많았어요. 물 빨이 쎄다 보니까. 지금은 이제 갯벌이 많이 생겼어요. 어종이 그러다 보니까 갯벌 좋아하는 어종이 조금 있고. 대놓고 그렇게 많이는 없어도 그쪽에서 좋았다 하는 게 꽃게도 조금 갯벌도 있는 데서 산란을 하니까. (전체적으로는) 엄청 줄어들었어요. 새만금 방조제를 막다보니까 더 없어 버렸어. 〈연구대상자 J-18〉

새만금을 막고 나서 토사 영향이 어디까지 미쳤냐면 왕등도 밑에 까지 이미 퇴적층이 생겨버린 거죠. 퇴적된 것이 예전처럼 모래가 많은 갯벌이 아니고 물컹물컹 해가지고 거시기도 천적이 없다는 불가사리도 죽잖아요. 〈연구대상자 J-19〉

새만금 방조제 막고 유부도 앞쪽으로 북측 도류제 그것 때문에 환경에서 어장 자체가 이제 할 수 없게끔 돼 있죠. 아주 심하죠. 해태(김) 양식도 포기했고, 어민들 거기서 어장 하는 사람들이 별로 없어요. 그 다음에 또 한 가지는 군산에 연안 복합, 쭈꾸미 잡는 복합 어민들이나, 자망 꽃게 잡는 어민들, 다른 하는 어민들이 이 새만금하고 하굿둑으로 인해서 이제는 이 연안에서 어업(을) 해야 할 것을 멀리 나가야 한다는 것이죠. 그런 것이 있고

원래 인자 하굿둑 자체가(이 있는 지역이) 산란장인데 산란을 할
수가 없잖아요. (복합화력)발전소 생기고 어업 생태계 변화는 하
굿둑하고 발전소하고 새만금으로 인해서 생태계 파괴를 시켜 놓
으니까 이제 군산 해망동으로 하굿둑으로 어종 자체가 많이 줄
었어요. 없어요. 그래서 모든 뭐 배들이 멀리 나갈 수밖에 없어
요. 〈연구대상자 J-37〉

금강하구의 생태문화 복원을 위한 제언

　현재 어촌에 살고 있는 주민들은 지금의 어업환경이 과거에 비해 나빠졌다고 말한다. 이같은 이유에 대해 금강하구의 갯벌 간척과 매립, 산업단지 건설, 군산복합화력발전소의 온배수 방류, 오폐수 배출도 원인이 있지만 금강하굿둑 건설이 가장 크게 악영향을 미치고 있다고 많은 어민들이 확신해서 말한다.

　하굿둑 건설 이후 하굿둑 외측에서는 하굿둑 가까운 지역부터 퇴적이 급격하게 이루어져 뱃길이 바뀌고 펄갯벌화 되고 있음은 물론 갯벌이 썩어가고 있다고 말한다. 그 결과 바다와 갯벌의 생물다양성이 급격히 줄어들었다고 말한다. 이같은 상황이 하굿둑 주변에서 제일 심각하고, 더 먼 거리에 있는 군산의 비응도, 계야도, 그리고 서천군 주변 해역까지 악영향을 미치고 있다고 증언한다. 하굿둑 내측의 수질도 악화되었고, 퇴적물이 쌓여 수심이 얕아졌으며, 쌓인 퇴적물도 썩어서 냄새가 날 정도라고 주민들이 증언을 하고 있다.

　금강하구에서 과거 많이 잡히던 어패류 중 멸종되거나 감소한 종들이 상당히 많고 어업 장소가 좁아짐에 따라 어민 사이의 경쟁과 갈등이 심해지고 있다. 또한 불법어업도 증가해 허가를 받아 어업을 하는 어민과 불법을 하는 어민 간에 고소 고발이 이어지고 있기도 하다. 특히 금강하구가 군산시와 서천군으로 나누어져 있어서 어민 간에 갈등이 더 심해지는 일도 발생하고 있다고 말한다.

더욱이 2010년대 초 4대강사업으로 인해 금강 본류에 세종보, 공주보, 백제보 등 3개의 보(댐)가 완공되었다. 그러다 보니 강유량 변동에 따른 금강의 유량변동(유황)이 더욱 약화되었고 금강 물의 유속이 더 느려져 물이 정체되어 버렸다. 그 결과 금강의 물이 녹조생물로 뒤덮여 버리고, 수질이 더욱 악화되었다. 그때마다 이 오염된 물을 금강하굿둑의 배수갑문을 통해 바다로 배출하면서 금강하구의 해양생태계가 심각하게 악화되어 물고기들이 급격히 줄었다고 어민들은 말한다.

어업을 하는 주민들은 금강하굿둑의 해수유통에 대해 대부분 필요하다고 답변을 하였다. 하지만 금강호 물을 이용하는 농민들은 해수유통에 대해 반대하는 입장이었다. 더욱이 금강호 물을 공업용수로 사용하고 있는 공장들은 용수확보에 대해 대안을 제시하지 않는다면 해수유통을 반대할 것으로 예측된다.

따라서 해수유통이 진행될 경우 안정적인 농업용수와 공업용수 공급에 대한 우려에 대해 용수공급용 취수구를 상류쪽으로 옮기는 등 대안을 마련하는 것이 필요하다. 그리고 이를 위해 자주 만나 토론을 하고 협의하는 노력이 필요하다. 금강호 물을 이용하는 농민들도 농업용수만 해결해 준다면 해수유통에 대해 동의를 하겠다고 하고, 예전만큼은 아니더라도 바닷물이 상류 쪽으로 더 올라가기만 하면 다시 마을이 활성화될 것이라고 말한다.

금강하굿둑 해수유통을 통한 금강하구의 생태계 복원이 농민과 공장의 물 이용을 해결해 주는 대안을 마련하고, 지속적인 논의과정을 통해 신뢰를 쌓는다면 그렇게 어려운 일이 아니라고 생각한다.

　그리고 해수유통에 대한 정책 결정이 어려운 점은 관할 지자체와 기관이 다양하게 얽혀 있다는 것이다. 현재 하굿둑 외측의 금강하구는 광역(충남도-전북도)과 기초(서천군-군산시)로 나누어져 있다. 2012년 금강하굿둑의 해수유통을 놓고 자치단체 간에 이해의 폭을 좁히지 못하고 갈등만 불거진 채 아무런 성과도 없이 끝나버린 경험이 있다. 만약 해수유통을 어느 정도까지 확대할 것이냐에 따라 다르겠지만, 부여군, 익산시, 논산시도 관할 지자체로서 협의 자리에 나오도록 하겠다.

　한편 2012년 당시 중앙정부가 대안 마련과 갈등 해결에 좀 더 적극적인 노력이 없었다는 점이 아쉬움으로 남아 있다. 금강하굿둑을 경계로 외측의 바다는 해양수산부가 관할하고, 내측의 금강은 환경부, 국토교통부, 행정안전부, 지식경제부, 농림수산식품부가 수량·수질·치수·이수·재해 등 각 부처의 주요 업무에 따라 복잡하고 비효율적으로 관리를 해 왔다. 그나마 「정부조직법」이 개정(2018. 6. 8)되고, 「물관리 기본법」이 제정(2018. 6. 13)되면서 완벽하진 않지만 환경부가 통합 물관리에 대한 책임을 맡게 되어 희망을 갖게 하고 있다. 하지만 금강호의 수량과 수질 관리를 여전히 농림축산식품부 산하 한국농어촌공사가 맡고 있어서 논의를 통해 해수유통이라는 새로운 대안을 찾는데 어려움을 주고 있다.

　금강하구역은 민물과 바닷물이 만나는 기수역으로서 생태적·지리적으로 아주 중요한 공간이다. 더욱이 수많은 어민들이 생업활동을 하면서 살아가는 삶의 터전이기도 하다. 그런데도 사람들이 편의적으로 만들어 놓은 행정구역과 관할 기관의 차이로 인해 통합적인 관리를 하지 않고 이용의 대상으로만 삼아 왔던 것이다.

이제부터라도 관할 지자체와 중앙부처 및 기관, 그리고 지역주민, 시민단체, 전문가 등 이해당사자들이 머리를 맞대고 서로 협의하고 토론하는 자리가 많이 만들어지기를 바란다. 다른 정치적인 계산을 염두해 두지 말고 금강하구의 생태계 복원과 어업활성화를 통해 지역공동체를 평화롭게 풍요롭게 만들기 위해 나서야 한다.

이를 통해 금강하굿둑의 내외측으로 어느 정도라도 해수유통이 이루어지고 4대강 사업으로 만들어진 3개의 보(댐)가 철거되어야 한다. 더욱이 새만금 방조제 공사 완료로 인해 금강하구의 생태계가 추가적으로 악영향을 받고 있는 상황에서 금강하굿둑의 해수유통은 절실한 상황이다. 이제라도 금강하굿둑을 통해 해수유통이 이루어져서 금강하구의 생태계가 일부나마 복원이 되고, 금강하구에서 어업을 하면서 살아가는 사람들의 삶이 지속가능해지고 공동체가 복원되기를 희망해 본다.

연구대상자 기본 정보 (2015년말 기준)			
전북 군산시, 익산시, 충남 논산시 강경읍의 지역 주민 50명(조사 책임자 : 주용기)			
번호	어촌계 또는 거주지역	나이	성별(남, 여)
J-1	군산 동부	55	남
J-2	웅포	61	남
J-3	군산 동부	52	남
J-4	원나포	67	남
J-5	성당포	61	남
J-6	군산 서부	56	남
J-7	군산 동부	68	남
J-8	군산 동부	69	남
J-9	군산 서부	48	남
J-10	군산 서부	62	남
J-11	군산 서부	62	남
J-12	군산 동부	61	남
J-13	군산 서부	58	남
J-14	군산 서부	62	남
J-15	군산 서부	66	남
J-16	군산 서부	61	남
J-17	군산 서부	65	남
J-18	군산 서부	58	남
J-19	군산 동부	68	남
J-20	군산 동부	49	남
J-21	군산 동부	72	남
J-22	군산 동부	62	남
J-23	군산 동부	74	남
J-24	군산 동부	60	남
J-25	군산 서부	60	남
J-26	군산 동부	64	남
J-27	군산 동부	60	남
J-28	군산 동부	59	남

연구대상자 기본 정보 (2015년말 기준)			
전북 군산시, 익산시, 충남 논산시 강경읍의 지역 주민 50명(조사 책임자 : 주용기)			
번호	어촌계 또는 거주지역	나이	성별(남, 여)
J-29	개야도	51	남
J-30	강경	60	남
J-31	강경	62	남
J-32	강경	61	남
J-33	강경	57	남
J-34	원나포	55	남
J-35	웅포	70	남
J-36	군산 서부	74	여
J-37	군산 서부	51	남
J-38	비응도	49	남
J-39	군산 서부	78	여
J-40	비응도	66	남
J-41	군산 서부	61	남
J-42	군산 서부	73	여
J-43	웅포	80	남
J-44	성당포	75	남
J-45	군산 서부	63	남
J-46	군산 서부	63	남
J-47	군산 서부	58	남
J-48	성당포	89	남
J-49	원나포	79	남
J-50	서포	77	여

* 군산 서부, 동부는 어촌계를 조합으로 구분한 것이고, 서부측은 중앙동과 경암동 지역이며, 동부는 소룡동 지역이다.

연구대상자 기본 정보 (2015년말 기준)			
충남 서천군 지역 주민 50명(조사 책임자: 김억수)			
번호	거주 지역	나이	성별
C-1	마서면 송석리	84	남
C-2	종천면 종천리	73	여
C-3	마서면 도삼리	85	남
C-4	마서면 월포리	65	남
C-5	한산면 신성리	90	남
C-6	화양면 완포리	78	남
C-7	화양면 와초리	81	여
C-8	마서면 도삼리	73	여
C-9	한산면 신성리	63	남
C-10	마서면 월포리	55	남
C-11	마서면 월포리	61	남
C-12	장항읍 송림리	74	남
C-13	마서면 송석리	65	여
C-14	마서면 송석리	75	여
C-15	마서면 월포리	70	남
C-16	마서면 월포리	62	남
C-17	마서면 와석리	85	남
C-18	마서면 남전리	69	남
C-19	마서면 죽산리	81	남
C-20	마서면 죽산리	70	남
C-21	마서면 죽산리	65	남
C-22	마서면 죽산리	75	여
C-23	마서면 죽산리	77	여
C-24	마서면 도삼리	80	남
C-25	마서면 도삼리	73	남
C-26	장항읍 송림리	78	여
C-27	장항읍 옥남리	77	남
C-28	장항읍 옥남리	79	남
C-29	장항읍 옥남리	83	여

C-30	장항읍 옥남리	88	여
C-31	장항읍 옥남리	84	남
C-32	장항읍 신창리	60	여
C-33	장항읍 신창리	64	남
C-34	장항읍 창선리	55	남
C-35	장항읍 창선리	83	남
C-36	화양면 망월리	58	여
C-37	화양면 망월리	68	남
C-38	화양면 신아리	79	남
C-39	화양면 옥포리	61	남
C-40	화양면 완포리	61	남
C-41	화양면 완포리	73	남
C-42	화양면 완포리	81	남
C-43	한산면 신성리	82	여
C-44	한산면 신성리	82	여
C-45	한산면 호암리	78	여
C-46	한산면 연봉리	52	남
C-47	마서면 남전리	83	남
C-48	마서면 옥포리	70	남
C-49	마서면 칠전리	80	남
C-50	마서면 옥남리	58	남

나이 분포	전북 지역과 충남 논산시 강경의 연구대상자	충남 서천군 지역 연구대상자
41 ~ 50	3	0
51 ~ 60	14	6
61 ~ 70	23	14
71 ~ 80	9	16
81 ~ 90	1	14
성별	전북 지역과 충남 논산시 강경의 연구대상자	충남 서천군 지역 연구대상자
남	46	35
여	4	15

연구 대상지역 모습

1 논산 강경 금강변 선착장 | 2 익산 성당포 금강변 선착장 | 3 익산 웅포 금강변 선착장
4 군산 동부 선착장 | 5 군산 서부 선착장 | 6 군산 비응도항

금강하구의
생물문화적 접근

김억수, 주용기

금강하구 문화의 변화

　금강은 총 길이가 397.8km에 이르고 전라북도 장수군 신무산에 있는 뜬봉샘을 발원으로 진안, 무주, 금산, 옥천, 대전, 공주, 논산, 부여, 서천을 지나 서해와 만난다. 공주에서는 금강을 웅진강으로 불렀고, 부여에서는 백마강, 서천에서는 진강(鎭江)이라 불렸다.

　금강하구를 포함한 서천지역에서는 구석기 유물이 발견되지 않았다. 아직까지 금강하구에 대한 전문적인 조사가 이뤄지지 않은 이유가 있을 것이다. 1995년 장항읍 장암리에서 조개무지(貝塚)와 빗살무늬토기, 간 돌칼 등이 발견되었는데, 이것은 신석기 시대부터 금강하구에 사람들이 거주했음을 보여준다. 그리고, 조개무지 주변 지역에서 백제시대 토기와 청자편, 백자편 등이 발견되었는데, 다른 시대에도 금강하구에 사람들이 살았다는 것을 알 수 있다(유승광, 1997).

　금강하구는 바다와 강이 만나는 지리적 특성으로 많은 역사적 사건이 일어났던 지역이다. 한반도의 패권을 두고 몇 차례 격렬한 국제전쟁이 일어나기도 했다. 금강하구에는 백제시대 기벌포(伎伐浦)가 있었고, 고려 시대에는 진포(鎭浦)가 있었다. 기벌포 1차 해전은 660

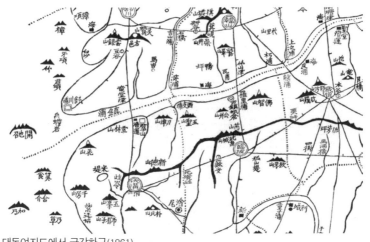

대동여지도에서 금강하구(1861)

년 백제가 나당연합군에 의해 패배했고, 2차 해전은 663년 백제 부
흥군과 일본 연합군이 나당연합군과 싸웠지만, 이 역시 패배한다.
676년 3차 해전은 신라와 당나라가 기벌포 앞바다에서 벌인 전투로
당나라 20만 대군을 격파하여 나당전쟁에서 승리한다. 진포해전(우
왕 6년)은 1380년 왜구가 500여 척의 선박을 이끌고 금강하구 진포
를 쳐들어 왔을 때 최무선(崔茂宣), 나세(羅世), 심덕부(沈德符)가 이
끄는 수군이 격파한 해전(海戰)이다.

　금강하구(河口)는 '금강으로 들어가는 입구'다. 지금은 금강하구
를 육지의 관점에서 바라보고 이해하려는 경향이 강한데, 백제시대
에는 해상교역의 관문으로, 조선 시대에는 금강 물길을 따라 사람이
나 물자를 나르는 수운(水運)으로써 중요한 기능을 했다.

　일제 강점기에는 전라도와 충청·경기지역의 곡물과 물자 수탈기

일제 강점기 수탈을 목적으로 갈대밭을 매립해 장항을 조성했다. 현재 장항제련소는
운영이 중단됐고, 장항 산업단지가 조성돼 있다.

지 이용 목적으로 군산과 장항(서천)이 일제에 의해 개발됐다. 금강
하구를 사이로 장항과 군산의 바다와 갯벌을 매립하고 항구와 철도
를 건설한 것이다[1]. 장항의 경우 1929년 일본인 미야자키는 총독부
로부터 지원을 받아 50만 평의 갈대밭을 매립해 장항이라는 신시가
지로 만들었다.

  그 후 장항은 장항선, 장항항, 장항제련소를 만들면서 많은 인구가
유입됐다. 1938년에 장항은 삼척, 원주 등과 함께 읍(邑)이 된다. 현

---

1 일제 강점기 장항과 군산지역이 수탈을 위한 전초기지로 이용하기 위해 개발한 것이 사
  실이긴 하지만, 수탈의 목적 이외에 다른 이유가 있었다고 주장하는 학자도 있다. 예를
  들어, 일제 강점기 금강하구 대표적인 포구(浦口)로서 상업 활동이 활발했던 강경(논산
  시)이나 길산(서천읍)에는 민족자본이 형성되고 있었는데 일제가 민족자본을 약화시키
  기 위해 장항과 군산을 개발했다는 주장도 설득력이 있다.

1960년대 장항항의 어선들

재는 장항 경제를 이끌어 왔던 세 축이 모두 무너졌다. 장항선은 익산역을 종착역으로 선로가 변경됐고, 장항항은 토사 퇴적으로 수심을 유지하지 못해 큰 배가 들어오지 못한다. 장항제련소는 한때 사회교과서에 나올 정도로 그 명성과 번영의 시기가 있었으나, 현재는 환경문제를 일으킨 주범으로 굴뚝은 전망산 위에 우뚝 서 있다. 장항의 역사가 가진 명암(明暗)의 상징이 된 것이다.

1936년, 지금의 장항읍 장암리에서 장항제련소(당시 조선제련주식회사) 기공식을 열었다. 주로 동(銅)을 제련해 일본으로 가져가기 위해서다. 해방 이후에는 국가에서 직접 운영하다 1962년 한국광업제련공사로 재설립되고, 1971년에는 LG금속으로 민영화되었다. 그러다가 1989년 LG금속이 동(銅) 생산을 중단하면서 용광로를 폐쇄하기에 이른다.

장항제련소는 근대에 금강 하구문화를 변화시켰다.

  용광로가 폐쇄되면서 이제는 굴뚝에서 연기를 토해내지 않는다. 일제 강점기부터 수십 년간 제대로 된 집진 시설 없이 가동되면서 중금속과 대기오염 물질이 그대로 인근 토양과 동식물, 그리고 지역주민들에게 노출됐다. 최근에서야 장항제련소 주변 지역 토양오염과 주민 건강문제가 심각하게 드러나면서 환경 이슈로 부각됐고, 정부는 주민들을 이주시키고 토양 복원사업을 진행하고 있다.

  장항제련소가 위치하고 있는 장암리는 하구 지역으로 어업이 성했던 곳이다. 이곳에 제련소가 들어서면서 전통적으로 어업 중심의 마을이던 장암리가 산업화 과정을 겪으면서 반농반어 마을로 바뀌게 된다.

금강하구 주민들에게 당제(堂祭)는 중요한 의미가 있다. 하구 주민들은 바다로부터 먹을 것을 얻어왔다. 그러나 바다는 위험하고 때로는 목숨을 걸어야 했다. 그들에게 자연은 풍요로움이기도 하지만 두려움과 경외의 대상이기도 했다. 그래서 주민들은 두려움을 막기 위해서 바다의 용왕신이 그들을 지켜준다고 믿었다. 유승광(1997)은 장암리 주민들의 마을문화 변화에 대해 당제를 매개로 자세히 설명하고 있다.

> 그런데도 기존마을 주민 중 어업에 종사하는 사람들은 예로부터 지켜오던 당제를 지내왔다. 일제의 식민 정책은 전통문화의 단절을 가져와 해방 후 전통문화의 단절을 가져왔지만, 그 명맥만이 유지되어 장암리 당제 역시 변화를 거듭해 오면서 간소화되어 갔다. 1970년대까지 대동제 성격을 띤 당제를 지내왔지만 제보자들의 설명은 대부분은 각별히 금기시하여 지켜오던 것보다 형식적인 당제에 불과했다는 것이다. 이것은 문화의 접변 과정에서 일제 강점기, 8·15 광복, 6·25 전쟁 등과 관련이 있지만, 특히, 장암리의 공업지대화는 빠르게 전통문화에 대한 위기의식이 있었다는 것으로 보인다. 장암리 당제는 음력 정월 보름날 저녁 밤 10시경에 궁계산 정상 부분의 평탄한 지역에 마련된 당집에서 지냈다. 당집은 돌로 쌓은 벽에 기둥을 받힌 초가지붕에 정면, 측면 1칸이었으며, 내부에는 판자를 놓아 제단을 만들었다.

그러나 당집은 1970년대에 아이들의 불장난으로 소실되었다.

제의 준비는 다음과 같은 절차에 의해서 이루어진다.

① 제관: 제관은 제주, 축관, 유사를 선정한다. 제관 선정의 조건은 아이들을 두지 않은 고령자, 몸이 깨끗한 자, 성의 있게 지낼 수 있다고 판단이 되는 자 등으로 주로 작고한 박상환 씨가 담당했다.

② 제비: 대동 회의에서 결정하여 제를 올릴 만큼의 제비를 추렴하는데 주로 선주를 대상으로 한다.

③ 제물: 제물은 이장과 반장들이 장항장에서 구입하여 제주 집에 갖다 준다. 제주는 정성 들여 제물을 만든다. 제주 부부는 궂은 것을 보지 말아야 하며 말을 조심하고, 제물을 마련할 때 머리를 감고 깨끗한 옷을 입어야 한다. 제물은 삼색실과, 명태포, 나물 등이다.

장암리 당제의 진행은 다음과 같이 진행되었다.

① 거리제: 음력 정월 보름날 당제를 지내기 전에는 장암리 박마당, 삼거리에서 거리제를 행한다. 거리제는 각 호에서 부녀자들이 정성껏 장만한 음식을 밥상에 차려 박마당에 동쪽 방향으로 줄이어 놓는다. 이때 마을 풍물패는 풍장을 쳐 흥을 돋구는데 부녀자들은 다른 행동을 하지 않고 마음속으로 가정의 소망을 기원한다. 제가 끝나면 음식을 각자 조금씩 떠놓고 나머지 음식은 집에 돌아가면서 사방으로 버린다.

② 당산제: 거리제가 끝나면 당산제를 행한다. 거리제는 개인적인

기원에 있지만 당산제는 대동의 평안과 풍어를 기원하는 마을 대동제이다. 제주가 제물을 당집으로 옮겨 음식을 진설한다. 진설이 끝나면 헌작 후 재배를 한 다음 축을 읽지 않고 대동소지를 올린다. 이것으로 당산제를 마치고 음복 후 하산한다. 별도로 제비에 대한 결산은 없다. 장암리 당산제에 참여하는 마을은 뱃섬모랭이, 성박기, 성안 마을이다. 성안 서남쪽으로 마을이 있는데, 이 마을을 '당크매'라고 부른다. 뒷산 정상에는 서낭당이 있어 당곡(堂谷)이라고 부르고 있다. 따라서, 성안의 당집을 남당(男堂) 당크매의 서낭당을 여당(女堂)이라고도 부른다. 남당과 여당에 대한 관계를 알고 있는 분은 계시지 않았다. 그러나 거리상으로 보아 남당과 여당은 별개의 명칭일 뿐 공동의 제가 이루어지지 않은 것은 분명하다.

장암리 당제와 같이 공동제의와 개인적 기원을 함께 하는 의식은 금강하구에 집중적으로 나타났고, 주민들의 다양한 삶을 엿볼 수 있다. 금강하구 곳곳에 제(祭)를 지냈던 흔적이 곳곳에 남아 있는데, 유승광(1997)에 의하면 현재 장항읍 동부파출소 뒷산이 용당산(龍塘山)인데 용왕신에게 용왕제를 지내던 산이다. 백제시대에는 상조음거서(上助音居西)라는 소사로 국가에서 제사를 지냈다. 그리고 고려시대에는 웅진명소(熊津溟所)[2]로서 국가에서 산천제(山川祭)를 지냈고, 조선시대에는 기우소(祈雨祭)[3]로 비가 오지 않으면 기우제를 지

---

2 『신증동국여지승람』(1530년)에 용당진사 본군 남쪽 24리 지점에 있다. 고려 때에는 웅진명소(熊津溟所)로 되어 향과 축문을 내렸는데, 지금은 주에서 치제(致祭)한다. (龍堂津祠 在郡南二十四里 高麗時爲雄津溟所降香祝今則本邑致祭)

3 『舒川郡誌』(1929)에 「龍塘壇 在郡南距二十伍里 高麗時雄津溟所降香祝今爲本郡邑祈雨

사진에 '갈매기 꿈도 깊은 용당진에서'라고 쓰여 있다.(1960년대)

내던 장소이다. 용당진(龍塘津)은 작은 규모의 포구였으나 『비변사
등록』을 자료로 용당진이 한때 선세(船稅)를 김숙의방(金淑義房)에
서 거두어들이기도 했던 것으로 짐작한다. 그리고 안길정이 발굴한

所 (續) 今馬東面水東里只有其址(補) 祈雨所 初次社稷壇 再次龍塘壇 三次蟾岩壇 今西南
面長岩里只有其址 四次鳳林壇今文山面 元菴洞後鳳林山下有大岩號龍座岩」라고 기록되
어 있다.

1875년 『조행일록』에 의하면, 전라도 8개 고을의 세곡을 실은 조운선이 3월 26일 '용당(龍塘)'에 이르러 제를 지냈다는 기록을 확인할 수 있다. 1932년 장항 시가지가 새로 조성되면서 용당리에 있던 도선장은 신시가지로 이전했다. 그리고 제사를 지내던 용당단에는 일제강점기에 신사가 건립되었고, 해방 후 폐지되었으나, 지금은 체육공원으로 변하여 옛 모습은 확인할 수가 없다(충남의 민속문화, 2010).

마서면 망월리에도 당산이 있는데 망월산(望月山)이다. 글자 그대로 달을 바라볼 수 있는 산이다. 금강과 바로 인접해 있는데 표고 20미터의 아주 작은 산이지만 이 지역이 광활한 농경지로 이 망월산이 드러나 보인다. 이곳에서 정월 초하룻날 저녁 7시경에 당산제를 지낸다. 마을에 부정(不淨)한 일(喪家, 産家, 짐승 잡는 일)이 있으면 연기한다고 한다. 당집 내부에는 별다른 시설이 없으며 시멘트 바닥으로 되어 있다. 당집 주변은 철조망을 쳐 놓았으며 제를 모실 때는 이 울타리 안에서 화톳불을 지피고 한쪽에서 풍물을 친다.

망월산 당집

새들의 천국, 금강하구

금강하구는 철새들의 천국이다. 금강과 갯벌, 농경지는 물새들에게 최적의 서식처를 제공해 왔다. 겨울철에 찾아오는 오리류와 기러기류는 금강과 농경지를 오가며 월동을 한다. 봄 · 가을 번식지와 월동지를 오가는 도요물떼새들에게 서천갯벌을 포함한 금강하구의 갯벌은 없어서는 안 될 안식처다. 밀물과 썰물에 맞춰 먹이를 먹거나 쉬고 다시 힘을 얻는다. 그리고 다시 먼 길을 떠난다. 특히 유부도 갯벌은 도요물떼새들에게 중요한 갯벌이기도 하다. 바닷물이 빠져서 갯벌이 드러나면 도요물떼새들은 넓은 갯벌에 퍼져 먹이를 먹는다. 밀물이 되면서 도요물떼새들은 만조 수위에 따라 바닷물이 덜 찬 갯벌의 상부 지역으로 이동해 다시 바닷물이 빠질 때까지 잠시 휴식을 취한다. 대체적으로 도요물떼새들은 2주에서 한 달 가량 서천갯벌을 포함한 금강하구 갯벌에서 먹이를 먹거나 휴식을 취하면서 열심히 체력을 보충해야 한다.

대부분 물새들은 먹이를 찾기 위해 먹이생물이 풍부한 습지에 의존해 살아간다. 이 때문에 일부 산새를 제외하고는 대부분 물새로 구

도요물떼새. 금강하구의 갯벌은 번식지와 월동지를 오고 가는 도요물떼새들에게 중간 기착지로서 생태적으로 가치가 높은 지역이다. 해마다 수만 마리의 물새가 이곳을 이용한다.

분된다. 우리나라의 경우 텃새로 살거나 도래하는 새들이 대략 520 여 종인데, 이 가운데 200종 이상이 물새에 해당한다. 그중에서도 봄 과 가을에 우리나라 서해안 갯벌을 찾는 도요물떼새는 매우 중요한 종으로서, 자신들의 먹이를 갯벌에 서식하는 저서생물들에 의존해 생활하기 때문에 갯벌의 건강성을 알 수 있는 좋은 지표생물이 된다. 특히 이러한 지표종(indicator species)을 통해 갯벌의 상태와 생물다 양성을 가늠할 수 있다(주용기, 2013).

새만금 방조제 물막이 이후 도요물떼새의 서식지인 갯벌이 줄어 들면서 새만금에 찾아오던 많은 도요물떼새들이 일부나마 금강하구

검은머리물떼새.
천연기념물 제326호(문화재청), 멸종위기 야생동물Ⅱ급(환경부), 보호대상해양생물종
(해양수산부), IUCN 적색목록 준위협종(NT). 일부 텃새이자 겨울철새이다. 현재 전
세계에 12종이 있는데 그 중 극동아시아에 서식하는 1종으로 분류되며, 이 종은 대략
1만 마리 정도 생존해 있는 것으로 알려졌다. 유부도 주민들은 '물까치'라고 부른다.
밀물이 되면 유부도, 소당개섬 등에 모이는데 많게는 4천 마리 이상 관찰되기도 한다.

넓적부리도요. 멸종위기 야생동물Ⅰ급(환경부), IUCN 적색목록 위급종(CR). 전 세계에서
생존 개체수가 400마리 미만으로 알려진 가장 희귀한 새 가운데 하나이다. 러시아
동부의 추코츠키(Chukotsky) 반도와 동남아시아를 오가는 나그네새인데 서·남해안
갯벌을 중간 기착지로 이용한다. 매년 유부도 갯벌에서 몇 개체씩 모습을 보인다.

갯벌로 이동했고, 지금은 유부도 갯벌을 포함한 금강하구의 갯벌이
국제적으로 중요한 도요물떼새의 서식지로 인식되고 있다.

특히 유부도 갯벌은 천연기념물이자 멸종위기종인 검은머리물떼새의 국내 최대 집단 월동지임이 확인되었다. 다행스럽게도 정부가 2008년 1월 30일에 서천갯벌의 대부분인 68.09㎢를 습지보호지역으로 확대 지정했다. 그리고 2019년에는 문화재청이 서천갯벌을 고창갯벌, 신안갯벌, 순천갯벌, 보성갯벌과 함께 유네스코 세계유산으로 등재 신청을 해 둔 상황이다. 유부도갯벌의 서부지역 일부가 행정구역상 군산시에 포함되어 있기 때문에 군산시가 앞으로 이 지역을 습지보호지역으로 지정(대략 5㎢)하고, 유네스코 세계유산으로 등재하는 노력이 이루어지길 바란다. 이를 통해 서천군과 군산시가 협력해서 금강하구의 갯벌 전체를 보전하고 생태관광 등 현명한 이용에 공동으로 나서 주기를 바란다.

또한 만조 수위가 높아져서 유부도갯벌에 도요물떼새가 쉴 만한 장소가 부족해지면 준설토 해상매립장(금란도)이나 새만금 간척지의 북측으로 날아가 휴식을 취하기도 한다. 그만큼 먼 거리를 이동하는데 에너지 소모가 많아진다. 따라서 먼 거리를 이동하지 않도록 유부도와 대죽도의 폐염전 부지를 매입해 도요물떼새가 안전하게 휴식지로 이용할 수 있도록 수위 조절을 해 주면 좋겠다. 그리고 해상매립장(금란도)의 서쪽과 동쪽 일부 지역을 도요물떼새들이 휴식할 수 있는 장소를 만들어 주면 좋겠다.

하지만 금강하굿둑이 건설되고 금강하구의 갯벌이 간척 및 매립이 되면서 유부도갯벌을 포함한 금강하구의 갯벌 퇴적물이 모래펄갯벌에서 펄갯벌로 바뀜에 따라 저서생물의 종이 바뀌고 있다. 즉, 백합과 동죽, 바지락 등 조개류의 개체수가 감소하고, 갯지렁이류와 쏙의 개체수가 증가하고 있다. 그 결과 조개를 잡아 수입을 올리던 유부도 주민들의 수입이 감소해 생존권이 위협에 처해 있고, 어린 조개를 부리로 잡아내 통째로 삼켜서 먹는 붉은어깨도요와 붉은가슴도요가 감소하는 등 저서생물을 먹이로 하는 도요물떼새의 종이 바뀌고 있다(주용기, 2013). 더욱이 새만금 방조제 물막이 완료(2006년) 이후 바깥 해역의 해류 흐름이 전체적으로 느려지고 만경강, 동진강을 통해서 퇴적물과 유기물이 공급되지 않아 금강하구의 갯벌이 펄갯벌로 급격히 변화되고 있고, 금강하구역의 생태계가 악영향을 받고 있다. 따라서 금강하굿둑 수문개방을 통해 일정 구간이나마 해수유통이 절실한 상황이다.

금강하구 갯벌에서 서식하는 물새 현황

   금강하구의 갯벌에서 2009년에서 2015년까지 7년 동안의 물새조사 결과를 보면, 한 번이라도 관찰된 종수는 81종이고, 총 개체수는 147,873개체가 확인되었다. 7년 동안 종수는 증가했다가 감소하였고, 개체수는 전체적으로 증가하였다. 2014년 기준으로 보면 종수가 44종, 개체수가 51,917개체가 확인되었다. 4계절 조사결과는 아니지만, 2015년 기준으로 보면 종수가 29종, 개체수가 92,747개체가 확인되었다. 7년 동안의 최종 개체수에 대한 우점도를 보면, 민물도요(Calidris alpina) 31.37%, 큰뒷부리도요(Limosa lapponica) 13.53%, 붉은어깨도요(Calidris tenuirostris) 10.05%, 흰물떼새(Charadrius alexandrinus) 7.29% 순으로 관찰되었다.

   이 기간 동안 IUCN(세계자연보전연맹)이 지정한 적색목록종은 13종, 국내 법적보호종으로는 환경부 지정 멸종위기종은 16종, 해양수산부 지정 보호대상해양생물종은 6종, 문화재청 지정 천연기념물은 9종이 관찰되었다.

금강하구의 갯벌에서 2009년에서 2015년까지 관찰된 물새의 종수와 개체수								
연도	2009	2010	2011	2012	2013	2014	2015	최대
종수	42	45	54	56	62	44	29	81
개체수	59,171	72,771	90,360	70,047	88,475	51,917	92,747	147,873

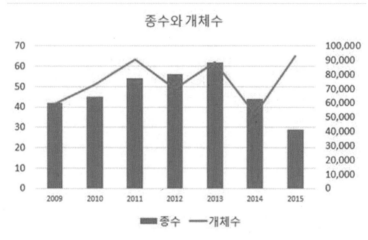

금강하구 갯벌에서 2009년~2015년까지 관찰된 물새의 종수와 개체수 변화

금강하구의 갯벌에서 2009년에서 2015년까지 관찰된 물새의 IUCN 지정 멸종위기종과 국내 법적보호종

학 명	국 명	IUCN 지정 멸종위기종	환경부 지정 멸종위기종	해양수산부 지정 보호대상 해양생물종	문화재청 지정 천연기념물
Anser cygnoides	개리	VU	EN II		NM
Anser fabalis	큰기러기		EN II		
Cygnus cygnus	큰고니		EN II		NM
Platalea leucorodia	노랑부리저어새		EN II		NM
Platalea minor	저어새	EN	EN I	MS	NM
Egretta eulophotes	노랑부리백로	VU	EN I	MS	NM
Pandion haliaetus	물수리		EN II		
Accipiter nisus	새매		EN II		NM
Haematopus ostralegus	검은머리물떼새	NT	EN II	MS	NM
Charadrius placidus	흰목물떼새		EN II		
Limosa lapponica	큰뒷부리도요	NT			
Numenius madagascariensis	알락꼬리마도요	EN	EN II	MS	
Tringa guttifer	청다리도요사촌	EN	EN I	MS	
Calidris canutus	붉은가슴도요	NT			
Calidris tenuirostris	붉은어깨도요	EN			
Calidris ruficollis	좀도요	NT			
Calidris ferruginea	붉은갯도요	NT			
Eurynorhynchus pygmeus	넓적부리도요	CR	EN I	MS	MS
Larus saundersi	검은머리갈매기	VU	EN II		
Falco tinnunculus	황조롱이				NM
Falco subbuteo	새호리기		EN II		
Falco peregrinus	매		EN I		NM
종 수		13종	16종	6종	9종

CR(Critically Endangered 위급종)　　EN(Endangered 위기종)
VU(Vulnerable 취약종)　　　　　　　NT(Near Threatened 준위협종)
물새: 17종 / 맹금류: 5종
IUCN 지정(CR: 1종, EN: 4종, VU: 3종, NT: 5종)　환경부 지정(EN I: 5종, EN II: 11종)
해양수산부 지정(MS: 6종)　　　　　　　　　　문화재청 지정(NM: 9종)

그 많던 물고기 어디로 갔나

금강하구는 민물과 바닷물이 만나는 지역으로 기수역(汽水域)이라는 독특한 생태계를 형성한다. 하구지역 주민들은 주어진 자연환경의 조건에 적응하고, 상호작용을 하면서 역사를 이어오고 문화를 형성해 왔다. 웅어, 민어, 농어, 조기, 황복 등 계절마다 금강하구로 물고기들이 몰려들었고, 넓게 드러난 갯벌은 조개, 게, 낙지와 같은 갯벌생물로 넘쳐났다. 금강하구는 생명의 터전이자 주민들에게는 지속가능한 삶의 원천이었다.

서해안 어족자원에 대한 관심은 조선 초기부터 지속적으로 이어져 왔는데, 세종실록지리지에는 서해안 각 고을에 분포한 '어살'의 수와 어획어종까지 정확하게 파악해 둔 것을 보면 어족자원이 지닌 가치를 충분히 인식했음은 물론, 조세의 징수 및 진상품의 물목으로 예의 주시하고 있음을 말해준다(강성복, 2010).

『충남의 민속문화』(충청남도 · 국립민속박물관 발간)에서 보면 조선시대 지리지에 나타난 서해안 충청도 내포지역의 어족과 수산물 현황을 고을별로 정리했는데 서천 · 비인 지역은 다음과 같다.

조선시대 서천 · 비인 지역 어종과 수산물 (충남의 민속문화, 2010에서 발췌)

지역	어종 및 수산물		
	세종실록지리지	신증동국여지승람	여지도서
서천 · 비인	참가사리, 오징어뼈 민어, 참치, 대합, 조개, 굴, 홍대하 홍어, 상어, 숭어 전어, 오징어, 갈치 가물치, 청어, 소금	조개, 석굴, 홍어 상어, 숭어, 오징어 갈치, 부레풀, 조기 웅어, 전어, 민어 준치, 삼치, 농어 청어, 토화, 김 낙지, 황각, 대하 꼬막, 소라, 게 도미, 참가사리	조개, 석굴, 홍어 상어, 숭어, 오징어 갈치, 부레풀, 조기 웅어, 전어, 민어 준치, 삼치, 농어 청어, 전복, 홍합 토굴, 김, 낙지, 황각, 대하, 살조개, 참가사리

조선시대 서천 · 비인 지역의 어종과 해산물은 매우 다양한 것으로 나타난다. 회유성 어종으로는 민어를 비롯해 조기, 전어, 숭어, 홍어, 웅어, 청어 등이 어획되었는데, 기수역을 이용하는 황복이나 참게 같은 종이 보이지 않는 것은 조선시대 지리지에 등장하는 어류와 해산물은 갯벌과 내만에 서식하는 어족에 국한되었을 것으로 추측한다. 『신증동국여지승람』에 한산군(韓山郡) 토산 중 어종으로는 뱅어[白魚] · 홍어(洪魚) · 상어[鯊魚] · 조기[石首魚] · 숭어[秀魚] · 웅어[葦魚] · 농어[鱸魚] 등이 기록되어 있다.

일제 강점기와 근대화를 거치는 과정에서 어선의 대형화, 어로기술이 발달은 더 먼 바다로까지 어획어업을 확대시켰다. 그리고 서해안에는 수많은 간척사업이 진행되고 되었고, 대부분의 강 하구를 막

금강하구는 기수역(汽水域)이다. 금강하굿둑이 건설되면서 그 기능이 상실되었다.

으면서 생태계 변화를 겪게 된다. 이러한 개발 일변도의 국가 정책과 산업화의 흐름 속에 금강하구 역시 생태계는 변화를 겪게 되었고, 그 변화는 고스란히 주민들의 삶에 영향을 미쳤다.

1990년 금강하굿둑이 건설되면서 금강하구의 생태환경은 급격히 변화하기 시작한다. 안정적인 농·공업용수 공급, 염해와 침수피해를 막기 위해 건설된 지 30년 가까이 된 지금은 생태계 변화로 인한 대가를 치루고 있다.

서해는 조석(潮汐)의 영향이 크기 때문에 바닷물이 들어오고 나갈 때 퇴적물과 유기물의 이동이 많다. 금강 상류로부터 내려오는 토사는 하구 갯벌을 형성에 중요한 역할을 해 왔는데, 하굿둑에 막히면서 바다로 나가지 못하고 금강호에 퇴적되고 있다. 반대로 밀물 때 바닷물에 섞인 토사는 금강 상류로 이동하지 못하고 그대로 침전되면서 뻘에 쌓이게 된다. 하굿둑 안팎으로 쌓인 퇴적물은 금강호의 수질을 악화시키고, 갯벌의 자연스러운 퇴적을 방해한다. 군산해양항만청 자료에 의하면 하굿둑에서 군산 내항까지 연간 8.4cm, 군산내항에서 장항항까지 연간 13cm의 토사가 쌓여 매년 수백억을 들여 준설하고 있다.

금강하굿둑은 인간의 편리를 위해 건설했지만, 한편으로는 많은 것을 잃어가고 있다. 하구 생태계 변화로 물의 흐름이 바뀌고 갯벌의 성질이 바뀌고 있다. 이는 생물종 감소와 함께 어업환경을 변화시켰다. 황복, 농어, 웅어, 참게, 뱀장어 등 기수역을 이용하는 다양한 어종의 감소는 주민들의 경제활동을 변화시켰고, 언어와 문화, 그리고 어종과 관련된 지역민의 다양한 전통생태지식에 영향을 미쳤다.

하구 생태계의 변화가 지역민들에게 어떤 영향을 미쳤는지는 아는 것은 지속가능성 측면에서 중요하다. 지속가능한 삶이라는 게 건강한 자연환경의 토대 위에서 가능하고 지역민의 사회 · 경제 · 문화적 삶과 직간접적으로 연관되기 때문이다.

금강하구의 생물문화다양성을 알아보기 위해 하구에 살고 있는 주민 100명을 대상으로 면담을 했다. 금강하구는 다른 생태계에 비해 생물다양성이 높은 지역이다. 다양성이 많은 곳일수록 환경변화에 대한 적응과 탄력성이 높기 때문에 사람들이 지속가능한 삶을 유지하는 데 유리하다. 금강하구에 패총(貝塚)이 많은 것은 인간이 거주하는데 이 지역이 유리한 조건이었음을 의미한다.

면담의 목적은 하구 생태계와 주민들의 삶이 어떤 관계를 맺으며 이어져 왔는지를 알아보고, 그 과정에서 형성된 문화, 언어, 전통생

주민면담 모습

태지식을 찾아보고자 했다. 이것은 지역에 대한 생물문화적 접근으로써 그 의미가 있다. 제1장에서 언급했듯이 외국에서는 국제기구를 중심으로 생물문화다양성에 연구가 활발하게 진행되는 데 비해 우리나라는 그렇지 못하고 있고, 몇몇 소수 학자를 중심으로 논의되고 있을 뿐이다. 앞으로 지역의 생물문화적 접근이 지역-지구적 지속가능성을 이해하는데 중요한 요소와 효과적인 도구 역할을 함으로써 다양한 사례가 연구되고, 적용되길 기대한다.

　3장에서 언급한 것처럼 금강하구 주민면담을 통해 그들이 자연과 경험하면서 형성된 지식, 하구역 고유종에 대한 기억, 음식문화, 그리고 금강하굿둑 건설 전과 후의 변화에 대한 인식에 대한 몇 가지 예를 간략히 들어본다.

"실뱀장어는 2월 중순, 뱀장어는 8월, 우럭, 농어는 5-6월 달, 숭어는 겨울 10월부터 2월 정도까지, 민어는 농어하고 비슷해요. 뱅어도 있었어요. 뱅어는 7~8월 달예요."〈연구대상자 J-1〉

"(…) 그게 7월 달, 달 뜨는 사리 같은 때 보면은 모래바탕에 딱 가보면 재첩 구녕(구멍)이 있어요. 근디 큰 것은 한 4개 정도되는디 자잘한 것은 무지하게 많이. 발로 이렇게 밟아가꼬 장화발로 밟아서 그거는 싹 젖혀 올려 놓고 보면은 큰 놈은 4개인데 새끼는 한 백 개는 돼. 산란을 하면은 그때. 발로 밟으면은 그게 위에로 올라와요. 올라오면은 큰 놈은 새끼 난 애미는 하나, 둘, 셋, 네 개인데 이 안에 자잘한 것은 한 8~90개가 된다니까. 내가 왜 이걸 아는 고니 내가 그거 여기 이걸 종패를 뿌리고서는 그걸 내가 감시를 했어요."〈연구대상자 J-2〉

"자연산 장어. 뱀장어가 큰 것이 성어죠. 9~10월, 11월 되면 한두렁 두 두렁 잡았는데 (…)대표적으로 많이 없어진 것은 실뱀장어. 지금은 실뱀장어는 그때의 10분의 1정도 나오죠. 그때만 해도 날이 차서 3월부터 모심을 때까지 잡았어요. 거의 7월 달까지 잡았다고 보면 되지요."〈연구대상자 J-3〉

"모든 고기가 새끼, 알을 낳기, 까기 위해서 민물로 와요. 복어, 웅어, 세화들이 알을 낳고 가요. 이게 귀소성 어류라고 해서 바다에서 올라와서 민물에 와서 산란을 하고 치어가 생산되고 어느 정도 커서 바다로 나가서 들어오는 거에요. 황복 같은 경우 금강에 와서 산란을 해가지고 적어도 5센티~7센티미터 되어야 바다로 나가요. 못 나가는 것은 민물에서 살아요. 그게 엄청나게 금강에서 잡혔던 고기에요. 황복이."〈연구대상자 J-21〉

"뱅어 민어, 이것은 아예 없어졌죠. 우럭 그런 것은 아예 안 올라오고. 짠물이 많이 있어야 살지. 농어는 여기까지 올라와. 밀물 교류 때문에 농어, 숭어는. 세 가지 품목, 뱅어나 민어, 우럭은 거의 아예 안 나와요."〈연구대상자 J-1〉

"(…) 금강에 특이한 고기가 종어, 종어는 무(無)값이였어. 값이 정해지지 않고 겨울철에 잡으면 돈 있는 사람이 사든지 관청에 있는 사람들이 사서 먹었어. 전에는 이게 진상했던 고기에요. 국 끓여 먹던 고기 종류에요. 모양은 상어하고 똑 같아요. 주둥이가 밑에 달렸고 뿔이 등허리에 달려 있고. 무게가 8kg 내지 10kg 정도에요. 민물고기에요."〈연구대상자 J-21〉

"(…) 금강의 노성참게는 진상했고, 금강 참게가 제일 장이 많이 차고 일 년에 두 번 산란을 해요. 특이한 종류에요. (…) 참게는 서울에서 김장 많이 할 때 20~30년 전에는 참게젓을 담았어요. 김장하는 집마다, 부잣집은 한 접, 가난한 집은 20~30마리 담았어요. 김장하는 집마다 참게젓을 다 담았어. 암케는 서울에서 팔고 수케는 전주에서 팔고 그랬어요. (…) 입동 때에 나오는 것이 장이 꽉 차고 이후에 펄에 들어가요. 입동게가 댐이나 논이나 많이 살았어요."〈연구대상자 J-21〉

"우어는 봄에 잡아요. 보리 피면 안 먹었거든요. 억시다고. 여름 지나가면 회 상태가 끝나요. 왜 그런고 허니, 그때는 그 냉장시설이 잘 안 됐을 때라. 여름에 뜨거울 때는 회를 안 먹었잖아요. 횟집에서도 문 닫잖아요."〈연구대상자 J-2〉

주민들이 말하는 금강하구 생태계 변화는 심각하다. 면담결과 많은 생물종이 사라졌거나, 사라질 위기에 있는 것으로 증언했다. 금강하굿둑이 건설되기 이전 주민들의 주요 소득원이던 회유성 어종들이 하굿둑 건설 이후로는 거의 잡히지 않거나 개체수가 급감했다는 주장이다. 생물종 감소의 이유로 금강하구의 기수지역을 하굿둑으로 막아 버리는 바람에 어류들이 산란하는 장소가 없어졌다고 한다. 치어가 사라지다 보니 어장이 고갈돼 버린 것이다.

"잡긴 하는 데 이제는 주로 실뱀장어하고, 새우 조금 나오고. 이제는 뭐 거의 어업이 안 된다고 봐야지요. 로또예요. 사람이 딱 묶어 (하굿둑을 만들어) 놨는데, 뭐(물고기)가 왔다 갔다 해요. 원래 농어나 우럭이나 그런 것은 치어 때 강과 만나는 교류지역(기수역)에서 치어가 어느 정도 클 때까지는 거기에서 자생을 해요. 자생하는 자체를 차단을 시켜 버린 거예요. 숭어도 그래요. 어장 고갈이, 말 그대로 고갈이 되어 버리는 거죠. 치어 생산이 안 돼 버리는데요."〈연구대상자 J-1〉

"실뱀장어, 숭어, 농어라든가 기수지역을 많이 올라갑니다. 부여까지도 올라가거든요. 장마철이 되면. 하굿둑을 막고 물을 저

금강하굿둑 어도(기수역을 이용하는 생물에게는 넘기 힘든 벽이다)

기 하니까 여기까지 와서 기수지역으로 못 올라가잖아요. 우어,
숭어, 농어는 산란을 위해서 민물로 올라가는데, 민물을 먹어야
산란을 하니까, 생활환경이 변화가 되니까 염도는 높고 위에는
올라가지 못하고 하면서 산란을 못 하고 다리를 막으면서 위아
래 토사가 쌓여 버리는 거예요. 위에는 위 대로 토사가 쌓이고 아
래는 아래대로 토사가 쌓여 버리는 거예요. 그리되니까 해수면
은 적어지고 토사 부유물은 쌓이니까 산란, 서식이 큰 변화가 오
는 거죠." 〈연구대상자 J-19〉

주민들은 특히 2015년 가뭄이 심해 금강하굿둑 수문을 예전에 비
해 자주 열어주지 않았다고 한다. 그 결과 2014년에 비해 뱀장어, 실

뱀장어, 백새우, 젓새우 등의 어획량이 급격히 줄었다고 한다. 더욱이 여름철이 되자 녹조현상이 심해지면서 오염된 물을 방류할 때면 해양생물이 거의 없을 정도로 심했다고 주장한다.

"올해 같은 경우는 삼천 원. 군산 같은 경우는 다른 지역에 비해서 많이 났어요. 곰소나 영광 쪽은 작년에 비해 5분의 1도 안 나왔고. 하굿둑 물이 얼마나 자주 열어주느냐에 따라서 생태계가 변하거든요. 자주 열어주면 고기가 많이 올라 와요. 산란하러 민물 기를 찾아서 올라 오는 거에요. 여기 지금 나는 것이 전체적으로 기수성 어류라고요. 내년에 가뭄이 심해져서 하굿둑 수문을 안 연다면, 군산 어민들은 엄청 타격을 받아요. 지금 현재도 타격을 받고 있어요. 가물어서 물이 없으니까. 김장할 때 쓰는 백새우라고 있어요. 그것이 작년에 비해 20분의 1도 안 나와요. 여름부터 11월 현재까지 잡거든요. 젓새우 요만한 거 있지 않습니까. 젓을 담그는 거 그것은 거의 안 나온다고 봐야죠. 두 가지가 올해 물이 내리지 않으면서 변한 거죠. 하굿둑에서 어쩌다 수문 한 번 열면 이 바다 저기 외항 앞에까지 퍼런 녹조가 있다고요. 그러면 고기가 조금 있어도 그 고기들이 숨을 쉴 수가 있나요. 도망가지. 있는 고기도 도망가요. 온 바다가 파란 해요. 작년보다 말도 못 하게 심했어요. 지금도 알갱이가 있고 푸르스름해요."

〈연구대상자 J-3〉

녹조. 금강하굿둑이 막혀 있는 상황에서 4대강 사업으로 부여보 · 공주보 · 세종보를
건설하면서 금강 중류 지역의 물길도 막았다. 이후 녹조현상은 더욱 심각해졌다.

황복

황복은 맛의 유혹을 가진 위험한 물고기다. 중국 송나라 시인 소동
파가 '죽음과도 바꿀 만한 가치가 있는 맛'이라는 극찬으로 명성을
날린 이 물고기는 '테트로도톡신'이라는 맹독을 가진 물고기로도 유
명하다. 가끔 어디 사는 누가 복을 잘못 먹고 죽었더라는 이야기를
종종 들어 본 기억이 있을 것이다. 나는 어린 시절 이런 이야기를 자
주 들었다. 그런데도 사람들이 황복을 좋아하는 것은 목숨을 걸고 먹
을 정도로 그 맛이 다른 물고기에 비해 탁월했기 때문이다. 주민들은
황복을 먹을 때 피를 빼고, 이빨, 내장, 알, 눈알을 제거하고 먹었는
데, 집에 쥐를 잡거나 도둑고양이가 싫으면 이 부산물을 밖에 놓았다
고 한다.

복어류는 전 세계에 116속 118종이 알려져 있는데, 우리나라에 사는 것은 모두 6속 25종이 있다(김익수, 2013). 금강 기수역에서 잡히는 황복은 '복쟁이', '누른복', '누룽치', '금복' 등으로 불렸는데, '금복'은 금강에서 잡혀 붙여진 이름이다. 황복을 먹으면 다른 물고기는 맛이 없어 안 먹었다고 한다. 물론 과장이겠지만, 그만큼 맛에 있어 타의 추종을 불허한다는 의미일 것이다.

『우해이어보(牛海異魚譜)』에는 복에 속하는 어류로 석하돈(石河魨), 작복증(鵲鰒鱠), 나하돈(癩河魨), 황사복증(黃沙鰒鱠) 4종이 실려 있고, 『자산어보(玆山魚譜)』에는 돈어(魨魚) 속명 복전어(服全魚)에 속하는 어류로서 검돈(黔魨) 속명 검복(黔服), 작돈(鵲魨) 속명 가치복(加齒服), 활돈(滑魨) 속명 밀복(蜜服), 삽돈(澁魨) 속명 가칠복(加七服), 소돈(小魨) 속명 졸복(拙服), 위돈(蝟魨), 백돈(白魨)을 들고, 그 특성을 설명하고 있다. 그리고 『전어지(佃漁志)』에는 "복 또는 하돈(河豚)은 몸이 단소하고, 창자는 불룩하며, 입은 작고, 꼬리는 무늬가 있으며, 배 아래쪽은 희면서 빛나지 않는다. 물건에 접촉하면 성을 내어서 부풀어 기구와 같이 되면서 물 위에 떠오른다. 그래서 일명 진어(嗔魚), 일명 기포어(氣泡魚), 일명 취두어(吹肚魚)라 부른다."고 하였다.

황복은 바다에서 성장한 후 봄철 금강, 임진강, 만경강, 한강 등 서해안 기수역으로 이동해 산란하는 기수역 대표 어종이다. 황복은 1993년까지는 서해 중부의 금강하구에서도 많이 잡혔지만 하굿둑 설치 이후에는 거의 자취를 감추고 있으며, 현재는 경기도 김포, 인천 강화도, 임진강과 한강에서만 일부 서식하는 보호어종이 되고 있다(국립수산과학원, 2006).

황복(Takifugu obscurus). 몸 등쪽은 갈색빛이고, 배는 은백색을 띤다. 옆쪽으로 황색 띠가 꼬리까지 길게 나 있고, 가슴지느러미 뒤에는 검은색 반점이 있다. 금강에서는 황복을 '누른복', '누릉치, '금복', '복쟁이' 등으로 불렀다.

이제 금강에서 황복을 보기는 어렵다. 기수역을 이용하는 다른 물고기도 황복의 운명을 걷지 않을까 하는 걱정이 앞선다. 기수역이라는 독특한 환경을 이용하는 어류에게 금강하굿둑은 생명과 죽음의 경계이다. 크게 보이기 위해 부풀린 황복의 배[1]와 '꾸우~꾸우'하는 소리를 다시 들을 수 있는 날을 기대한다.

참게

참게는 금강하구 주민들에게 먹을거리와 함께 경제활동에 많은 도움을 주었다. 참게는 봄철 민물에서 성장하다가 가을철 기수역으로 이동해 산란한다. 과거에는 진상을 하기도 했고, 제법 귀한 대접을 받았다.

잡는 방법은 다양했다. 주로 금강과 연결된 지천에서 잡았는데, 논

---

1 김익수(2013)에 의하면 황복이 몸을 부풀리는 이유는 정확히 알려지지 않았는데, 적에게 자신의 모습을 크게 보이려고 위장하는 것이라는 사람도 있고, 몸속에 공기를 넣어 물에 뜨기 쉽도록 하거나 물이 없는 곳에서 공기호흡을 하기 위해서라고 설명하는 사람도 있다.

두렁에 게 구멍에 지푸라기를 넣어 잡기도 하고, 참게가 밤에 이슬을 먹으러 나올 때 횃불을 비추어 잡기도 했다. 그리고 하천에 갈대로 발을 엮어 한쪽으로 유인하여 잡거나 미꾸라지 망 안에 깻묵을 넣어 잡았다고 증언한다. 『자산어보(玆山魚譜)』에는 참게를 천해(川蟹) 속명 진궤(眞跪)라 했는데, 잡는 방법으로 "어부들은 얕은 여울가에 돌을 쌓아 담을 만들고 벼이삭을 동여매어 그 안에 담가둔다. 그리고 밤에 횃불을 켜고 이를 뒤져 그 속에 숨어 있는 참게를 잡는다"라고 하였다. 『전어지(佃漁志)』에는 참게를 잡는 방법을 현촉서포해법(縣蜀黍捕蟹法)으로 비교적 자세하게 설명한다. "매년 칠 팔월에 장마가 끝난 후, 새끼를 꼬아 굵은 줄을 만들어 놓고, 수수이삭을 삼분오열하여 각각 가는 줄에 매어달고, 이것을 굵은 줄에 거꾸로 걸어 놓는다. (…) 식경이 지나면 다시 수중에 들어가 횃불을 비추면, 蟹(게)가 물을 따라 아래로 내려오다가, 수수를 만나면 문득 이삭에 매달려 빨아먹으면서 가지 아니한다. 수수를 따라다니면서 매달린 蟹를 잡아서, 모두 종다래끼에 담으면, 그물로 잡은 것과 비교하면, 단연히 그 소득이 여러 갑절이나 된다"라고 하였다. 참게를 잡는 방법을 보면 주민들이 참게의 생태적 특성(이동, 먹이, 시기 등)에 대해 자세히 알고 있음을 유추할 수 있다.

음식으로는 간장게장, 매운탕 등으로 먹었고, 젓갈, 젓국을 만들어 김장에 이용하기도 했다. 무젓은 비린내가 나서 먹지 않았다. 탕을 끓일 때는 참게를 절구통에 넣고 찧는다. 그런 다음 갈아서 바구니로 거른 다음 껍데기를 제외하고 시래기, 호박, 된장을 넣고 끓였다.

주민들은 참게에 대한 기억으로 "나락이 영글 때 논에서 나와 바다로 내려갔다"라고 말한다. 이것은 참게에 대한 주민들의 경험과

참게(Eriocheir sinensis)

기억이 주변 환경의 변화와 연계하고 있다는 점이 인상 깊다. 그러나 지금 금강하구에서 보이는 참게는 과거 기수역을 이용하던 참게가 아니다. 김지홍 등(2012)의 연구에 의하면 청양군과 부여군의 금강 지류에서 7월에 방류된 치게(稚蟹, 어린 게)는 상류로 이동하였다가, 어미로 성장한 후 8월 이후 하류로 다시 내려오는 것으로 확인되었다. 그리고 주민들도 이 사실을 알고 있고, 과거 기수역을 이용하던 참게와 지금 잡히는 참게는 냄새부터 다르다고 말한다.

숭어와 가숭어

숭어과에서 우리나라 연안에 분포하는 것은 숭어, 가숭어, 등줄숭어가 있다. 염분에 잘 적응해서 기수역에서 잘 서식한다. 숭어는 산란기가 되면 수심이 깊은 바다로 산란회유를 하고, 어린 시기에는 연안에서부터 담수역까지 서식하다가 몸길이가 25cm 내외로 자라면 바다로 내려간다. 산란기인 10~12월에 외해로 나가고 봄이 되면 연

안으로 이동한다. 가숭어는 제주도를 제외한 전 연안에서 서식하는
데, 봄철에 산란을 한다. 내만의 매우 탁한 물에서부터 하천의 기수
역에 걸쳐서 서식하는 과염성 어류이다. 바다의 모래나 진흙 속의 유
기물을 섭취하며, 밀물 시에 표층에서 미세조류 등을 먹는다(국립수
산과학원).

숭어와 가숭어는 지역마다 말하는 종이 달라 혼동하는 경우가 많
다. 조선시대에는 숭어를 치어(鯔魚), 수어(秀魚 · 水魚), 영수 등으로
불렀다. 정약전은『자산어보』에서 숭어(鯔魚)에 대해 "큰 놈은 길이
가 5~6자(1자는 30.3cm) 정도이며 몸이 둥글고 까맣다. 눈은 작고 노
란색이며, 머리는 편편하고 배는 희다. 성질은 의심이 많고 화(禍)를
피하는 데에 민첩할 뿐 아니라 잘 헤엄치며 잘 뛴다"라고 설명하고,
"고기살의 맛은 좋고 깊어서 물고기 중에서 첫째로 꼽힌다"고 했다.
그리고 가숭어(假鯔魚)는 "모양은 참숭어(眞魚)와 같다. 단지 머리가
약간 큰데다 눈이 까맣고 크며 매우 민첩하다. 흑산에서는 이 종류만
잡힌다. 그 새끼는 몽어(夢魚)라고도 부른다"라고 설명하고 있다. 숭
어와 가숭어 차이에 대해 눈(동공) 색깔을 기준으로 노란 것은 숭어,
검은색은 가숭어로 구분했다. 지금의 어류도감과는 반대다.

『전어지』에는 숭어(鯔)를 "성질이 진흙 먹기를 좋아하기 때문에
진흙이 미끼가 된다. 강에서 사는 것은 빛깔이 곱고 산뜻하며, 간혹
잡힌다. 바다에서 사는 것은 진가(眞假) 2종(二種)이 있는데, 진자(眞
者)는 강에서 서식하는 것과 다름이 없고, 빛깔만 조금 거칠고, 가자
(假者)는 빛깔이 검고, 눈도 또한 검다."라고 설명하고 있다. 여기서
진자(眞者)는 가숭어, 가자(假者)는 숭어를 설명하는 것으로 보인다.

반면에 담정 김려(金鑢)가 유배지 진해 앞바다를 배경으로 한『우

가숭어

눈(홍채)은 노란색을 띤다

숭어

가숭어(Liza haematocheilus, 위)와 숭어(Mugil cephalus, 아래). 가숭어와 숭어를 구분하는 데 특징적인 것은 가숭어는 눈(홍채)은 노란색을 띠고, 꼬리지느러미 중앙이 수직형에 가까우면서 약간 패여 있다. 숭어의 눈은 잘 발달된 기름 눈까풀로 덮여 있고. 각 비늘의 가운데 흑색 반점으로 세로줄이 있는 것처럼 보인다. 그리고 꼬리지느러미 중앙이 깊게 패여 날렵하게 보인다.

해이어보』에는 가숭어를 '영수'라 했는데, "영수는 치어(鯔魚), 즉 숭어와 매우 닮았다. 다만 숭어는 몸색이 옅은 흑색인 데 비하여 영수는 옅은 황색이다."라고 했으며, "고기 맛은 영수와 숭어가 비슷하다. 우리나라 사람들은 치어(鯔魚)를 수어(秀魚), 즉 숭어라고 한다. 영수라는 이름도 수어(秀魚)에서 비롯된 것이다."라고 설명하는데, 지금의 어류도감과 일치한다. 정약전이 숭어와 가숭어를 잘못 알고 기록했던 것 같지는 않다. 몇몇 학자들의 주장처럼 흑산도 주민들이 가숭어 맛이 좋아 가숭어를 숭어(참숭어)로 인식했을 가능성이 높고, 지금도 많은 지역에서 그렇게 부르고 있다.

숭어는 크기에 따라 지역마다 불리는 이름이 많은 물고기다. 황선도(2012)에 의하면 강화도에서는 숭어의 크기에 따라 모쟁이 → 접푸리 → 숭어라 부르고, 영산강변에서는 모쟁이 → 모치 → 무글모치 → 댕기리 → 목시락 → 숭어라 하고, 강진에서는 모치 → 동어 → 모쟁이 → 준거리 → 숭어라고 부른다. 그리고 전남 무안군의 도리포에서는 모치 → 훑어빼기 → 참동어 → 덴가리 → 중바리 → 무거리 → 눈부럽떼기 → 숭어로 구분 짓는다고 한다.

금강하구에서는 숭어새끼를 '동어', 작은 것을 몰치, 중간 것을 패랭이, 큰 것을 '배무륵대'라고 부른다. '배무륵대'는 숭어가 다 성장을 해서 나이가 들면 배가 늘어져서 붙여진 이름이다. 숭어를 잡을 때는 쏙을 미끼로 낚시를 하거나 그물을 이용해서 잡았고, '살'을 설치해서 잡기도 했다. 음식으로는 말려서 찜을 하거나 구이, 회, 찌개, 무침 등으로 먹고, 제사상에도 올려졌다.

황강달이(황석어)

농어목 민어과에 속하는 황석어의 국명은 '황강달이'로 5~6월 기수역으로 이동해 산란한다. 『자산어보』에는 크기에 따라 보구치(흰조기), 반애(盤厓), 황석어(黃石魚) 등으로 나누었는데, 모두 조기로 분류했다. 『전어지』에는 황석어를 황석수어(黃石首魚)라 하고, "생긴 모양이 石首魚(조기)와 비슷하나 그것보다 작다. 빛깔은 짙은 황색이고, 그 고기 알은 크고 맛은 아주 좋다. 소금에 절여 젓을 담아, 북쪽 서울로 싣고가면 호귀스러운 사람들의 좋은 차반이 된다"라고 설명한다.

주민들은 주로 젓갈을 담아 먹었는데 잡는 시기와 황석어 무리를

황강달이(황석어) Collichthys lucidus

찾아내는 방법에 대해 잘 알고 있었다. 한여름 사리 때(그믐사리, 보름사리 약 30일간) 가장 많이 잡혔다. 무리를 찾을 때는 대나무를 물속에 넣고 귀를 기울이면 '와가가가'하면서 개구리 우는 소리가 들린다고 한다. 그러면 그곳으로 이동해 그물을 쳐서 잡았다. 잡은 황석어는 장에 내다 팔았다. 지금 황석어는 작은데 그때 황석어는 손가락보다 컸다고 한다.

뱀장어

동북아시아산 뱀장어[2]는 우리나라와 일본, 중국, 대만에 분포한다.

2 알에서 태어난 뱀장어 자어인 댓잎뱀장어(leptocephalus)는 북적도 해류(North Equa-torial Current)와 쿠로시오 해류(Kuroshio Current)를 따라 이동하여 대륙사면에 이르러 치어인 투명실뱀장어(glass eel)로 변태한다. 투명실뱀장어는 대륙붕을 회유하여 12월부터 2월 하순까지 서식처인 동북아시아의 대만, 중국, 일본, 한국 등 하구에 이르며 (Cheng and Tzeng, 1996; Kim, 1974; Moon, 2002; Tsukamoto, 1990; Tzeng, 1985), 하구에서 검은 색소가 생기며 실뱀장어(elver)로 바뀌어 하천으로 소상하여 성장한다. 성장기 동안 미성숙한 뱀장어는 몸의 측면이 노란색을 띠기 때문에 황뱀장어(yellow eel)라 하며, 성장하여 산란 회유 때가 되면 배쪽이 은백색으로 바뀌어 은뱀장어(silver eel)라 부른다. 은뱀장어들은 산란을 위해 하천이나 강에서 하구로 이동하여 적응한 후 산란

뱀장어의 생태에 대해서는 아직까지 미스테리한 점이 많았고, 최근
에야 여러 연구를 통해 조금씩 풀리고 있다. 뱀장어는 민물에서 성장
한 다음 3000킬로미터 떨어진 필리핀 동쪽 마리아나 해산 근처에서
4~8월 사이 산란한다. 산란을 마친 어미는 그곳에서 생을 마치고,
부화한 새끼들은 다시 하구로 회유를 하는 것으로 알려져 있다.

『자산어보』에는 장어를 해만리(海鰻鱺)라 하며 속명을 장어(長魚)
라고 기록했다. "큰놈은 길이가 1장(丈, 1장은 지금 단위로 3.03m이다)
에 이르며, 모양은 뱀을 닮았다. 덩치는 크지만, 몸이 작달막한 편이
다. 빛깔은 거무스름하다. 대체로 물고기는 물에서 나오면 달리지 못
하지만, 해만리(海鰻鱺)만은 유독 뱀과 같이 잘 달린다. 머리를 자르
지 않으면 제대로 다룰 수가 없다. 맛이 달콤하고 짙으며 사람에게
이롭다. 오랫동안 설사를 하는 사람은 이 물고기로 죽을 끓여 먹으면
낫는다."라고 하였다.

그러나 정약전이 뱀장어를 해만리(海鰻鱺)로 알고 있었는지는 불
명확해 보인다. 『자산어보』에 붕장어와 갯장어에 대한 언급이 있기
때문에 해만리(海鰻鱺)를 뱀장어로 추측은 할 수 있으나, 뱀장어는
한자로 만려(鰻鱺)이고, 1장(丈)에 이르는 길이라고 하는 것에서는
좀 무리가 있어 보인다.

지금에야 뱀장어가 태평양 깊은 곳에 산란을 한다는 것이 밝혀졌
지만, 과거에는 뱀장어 산란을 직접 목격할 수 없기 때문에 다른 생
물과 연관 짓는 장면이 나온다. 『조벽공잡록(趙辟公雜錄)』에 의하면
"만려(鰻鱺)는 수컷은 있으나, 암컷이 없어서 그림자가 예어(鱧魚, 가

장으로 회유한다(황학빈, 2009).

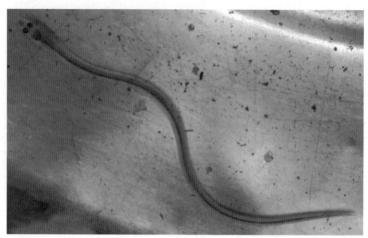
실뱀장어

물치)에 직접거리면 그 새끼가 예(鱧)의 등지느러미에 붙어서 난다
고 한다. 그래서 이것을 만려(鰻鱺)³라고 한다고 한다". 그러나 서유
구는 실학자답게 가물치 연관설을 과감히 부정한다. "그러나 지금
증험해보니, 만(鰻)은 사 오월에 스스로 새끼를 친다. 처음 생겨난 것
은 작아서 바늘끝 같다. 그래서 일본 사람들은 이것을 침만려(針鰻
鱺, 하리우나기)라고 부르고 있다. 반드시 모두 그림자가 예어(鱧魚,
가물치)에 집적거려서 새끼를 치는 것은 아니다."

　뱀장어는 주낙, 작살, 통발, 그물, 낚시 등을 이용해 잡았는데 맨손
으로 바위 밑을 더듬어 잡기도 한다. 말뚝을 박고 얇게 쪼갠 대나무
를 이어서 만든 '금발', 작살에 크기가 다른 세 개의 낚싯바늘을 매달
아 바닥을 긁으면 잡는 '세발', 대나무를 둥그스름하게 해서 만든 '글

---

3 려(鱺)는 가물치의 의미도 있다.

갱이' 등을 이용해 잡았다. 실뱀장어는 주로 봄철에 잡았는데, 주민들은 3월부터 모(벼)심을 때가지 잡았다고 한다. 뱀장어는 양식이 어려워 실뱀장어를 잡아 양식을 하는데, 가격이 비싼 편이다. 과거에는 실뱀장어만 잡아도 일 년은 먹고살았을 정도로 뱀장어는 경제적 가치 높은 어종이다. 하굿둑이 막히면서 뱀장어나 실뱀장어가 급격히 준 것이 가장 큰 원인이기도 하다.

다음 표는 주민들이 금강하구에서 잡았던 주요 생물종의 이름, 잡는 시기와 현재 잡히는지, 그리고 생물종에 대한 기억과 지식을 정리한 것이다.

생물종	언어	잡는 시기	현재	생물종에 대한 기억과 지식

황복	복쟁이
	누릉치
	누른복
	복어
	검복
	금복
		3~7월	×	– 하굿둑이 막히기 전에는 많이 잡혔다.
				– 금강에 와서 산란하는데, 5~7센티미터는
				  돼야 바다로 나간다. 못 나가는 것은 민물에
				  산다.
				– 검복, 까치복, 황복이 잡혔는데, 황복을
				  먹으면 다른 생선은 맛이 없어 안 먹었다.
				– 황복은 피, 이빨, 내장, 알, 눈만 제거하고
				  먹었는데, 쥐, 고양이가 싫으면 밖에 놓았다.
				  그러면 먹고 죽거나 비틀비틀하고 나타났다.
				– 3월(초봄) 황복어가 백마강(금강)에서 잡혔다.

까치복	까치복	4~10월	×	– 특히 장마철에 많이 잡혔다.

황석어	황새기	4~7월	×
			▽
				– 마산, 한산장에 가서 황석어를 팔았다.
				– 웅어잡이가 끝나면 황석어가 잡혔다(6~7월).
				– 하굿둑이 막히면서 사라졌다.
				– 대나무를 물속에 넣으면 개구리 소리가
				  들렸다.
				– 황새기 한 말에 쌀 한 말을 바꿨다. 지금
				  황새기는 작은데 그때 황새기는 손가락보다
				  컸다. 한여름에 올라와 사리(그믐, 보름) 때
				  약 30일 정도 가장 많이 잡혔다. 황새기가
				  많이 우는 지역에 그물을 치면 많이 잡혔다.
				– 젓 담고, 널었다가 쪄 먹었다.

웅어	우어
	우여
		3~10월	×
			▽
				– 회, 말려서 구이로 먹었다.
				– 머리, 내장 제거하고 통째로 먹었다.
				– 하구나 바다 쪽에서 잡았다.
				– 배 타고 삼마이나 이중투망 그물로 잡았고,
				  봄에 잡히는 우여가 연하고 맛있다. 가을에
				  잡히는 우여는 억세서 안 먹었다.
				– 우여를 잡아 군산, 강경에 가서 팔았다.
				– 우여는 봄에 갈바탕에 알을 낳고, 가을
				  바다로 간다.

생물종	언어	잡는 시기	현재	생물종에 대한 기억과 지식
뱀장어	뱀장어	3-11월	▽	- 9~10월 200킬로그램씩 잡았다. - 손으로 바위 밑을 더듬으면 엄청 많았다. - 금발(중간중간에 말뚝을 박고 대나무를 얇게 이어서 사용)을 만들어 잡았다. - 세발(작살에 크기가 다른 낚싯바늘을 3개 매달아) 바닥을 긁으며 잡았다. - 지금은 10분의 1밖에 없다. - 3월부터 모 심을 때까지 잡았다. - 글갱이는 너비 150센티미터, 높이 70~80센티미터 크기로 둥그스름하게 해서 대나무로 길게 만들었다.
실뱀장어	시라시	2~6월	▽	- 엔진이 없는 전마선으로 잡았는데, 서포 뚝방에 말을 쭉 박고, 잡았다. - 실뱀장어만 잡아도 1년은 먹고 살았다.
농어	농에, 깔때기 (농어 새끼)	5~8월	▽	- 회, 매운탕, 말려서 쪄 먹었다. - 쏙을 미끼로 낚시를 해서 잡았다. - 농어는 치어 때부터 어느 정도 클 때까지는 강과 만나는 기수역에서 산다. - 둠벙을 만들어 썰물 때 나가지 못한 것을 잡기도 했다.
숭어	배부륵대(특대) 마루(대) 패랭이(중) 몰치(소) 새끼(동어, 숭애)	연중	▽	- 회, 찌개, 말려서 찜, 구이, 제사에 쓰였다. - 쏙을 미끼로 낚시했다. - 10~2월 숭어가 가장 맛있다. - 요즘은 숭어에서 냄새가 난다.
민어		5~6월	×	- 5~6월에 잡혔는데, 지금은 사라졌다.

생물종	언어	잡는 시기	현재	생물종에 대한 기억과 지식

뱅어	뱅어
	뱅애
	덕체
	덕치(검은 것)
	병어(하얀 것)
		7~8월	×	- 대나무로 뜰채를 만들어 잡았다.
				- 오염되지 않은 곳에서만 살았다.
				  국수처럼 길었다. 초장에 무쳐 바로
				  먹거나 미역국, 쑥국, 물회로 먹었다.
				- 황해도에서 중선 20여 척이 화양까지
				  와서 뱅어를 잡았는데, 잡을 때
				  어부들의 '영차' 소리가 크게 들렸다.
				  밤에 금강이 불빛으로 환했다.
				- 보릿고개 때 끓여 먹었다.
				- 갈대를 이용해 만든 '우께'를 지게에
				  얹어 장에 가 팔았다.

망둥어		2~10월	1/10	- 지금은 10분의 1밖에 없다

우럭		5~6월	▽	- 치어가 어느 정도 클 때까지는
				  강과 바다가 만나는 교류 지역에서
				  자생한다.

갈치		8월	×	- '살'에서 잡았다.
대하	대하	5~8월	▽	- 삶아서 말려 가루를 만들어 산모 미역국에 넣어 먹었다. - 찜, 매운탕 - 하굿둑 밖에서 많이 잡았다.

자하	자하	8~10월	▽	- 자하젓을 만들었다.
				- 그물, 끌빵, 쪽대를 이용해 잡았다.
				- 강경은 하굿둑이 막히기 전에는
				  각지에서 새우젓을 배로 엄청 많이
				  실어 날랐다.

꽃새우	꽃새우	5~8월	▽	- 옛날에는 목상자로 한 집에서 100~200개씩 하루에 잡혔다. - 하굿둑 막히고 꽃새우가 안 나온다.

생물종	언어	잡는 시기	현재	생물종에 대한 기억과 지식
민물새우	징거미 새옹게 강새우 백새우 징검바리 (큰새우)	봄~가을	▽	– 통발, 길가래 그물로 잡았다. – 모래턱 쪽으로 가서 쪽대로 잡았다. – 배에서 투망으로 잡았다. – 들치기(가을철이면 문을 바르니까 모기장을 떠서 만듦)를 만들어 잡았다. – 여름철 많이 잡혔다.
백새우		여름~ 11월	▽	– 2014년에 비해 1/10밖에 안 잡혔다. – 후릿그물(두 사람이 그물을 끌고 다님) 로 잡았다. – 말려서 볶아먹었다.

참게	참그이	8~11월	▽	– 가을철 나락이 영글 때 논에서 쉬다
				  바다로 내려갔다.
				– 매운탕, 게장, 찌개, 간장게장, 탕으로
				  먹었고, 젓갈, 젓국을 만들어 김장에
				  사용했다.
				– 무젓은 비린내가 나서 담가 먹지
				  않았다.
				– 참게를 절구통에 넣어 찧어 갈아서
				  바구니에 거른다, 껍데기를 나가게
				  하고 시라구, 호박을 넣고, 된장을
				  풀어서 탕을 끓였다.
				– 지금은 참게가 없다. 있어도 해금내가
				  나서 못 먹는다.
				– 하천에 갈대 발을 엮어서 한쪽으로
				  유인하여 잡았다.
				– 미꾸라지 망 안에 깻묵을 넣고,
				  강가에 놓아 잡았다.
				– 과거 매바위(월포)까지 참게가
				  나왔다.
				– 9시경 막대기에 솜을 뭉쳐 기름을
				  묻히고, 불을 비춘다. 참게가 이슬을
				  먹기 위해 나오면 맨손으로 잡았다.

생물종	언어	잡는 시기	현재	생물종에 대한 기억과 지식
참게	참그이	8~11월	▽	– 강은 깊어서 더듬기가 어려워 강과 연결된 하천에서 많이 잡았다. – 한낮에는 손을 넣어도 안 잡혀서 논두렁에 있는 게 구멍을 지푸라기로 만들어 막고, 다음날 가서 짚꾸러미를 한 손으로 잡고 한 손으로는 게를 잡았다. – 금강의 노성참게는 진상했고, 금강 참게가 제일 장(내장)이 많이 차고, 일 년에 두 번 산란한다. 특이한 종류다. – 송림천에 참게가 많았다. – 하굿둑 수문을 열면 내려가기는 하는데, 올라오지는 못한다. 금강호 안에 있는 참게는 부화를 하지 못하고, 금강호에서 잡히는 참게는 위(청양, 부여)에서 내려온 것이다.
재첩		봄~가을	×	– 썰물 때 강물이 빠지면 강 한가운데 모래톱이 쌓였다. 모래톱 위를 치며 지나가면 사람이 지나간 자리에 재첩들이 나와서 손으로 주워 담았다. 도구는 필요 없었다. – 모래사장을 긁어서 맨손으로 잡았다. – 수문이 열렸을 때 그랭이로 잡았다. – 동네 사람들은 손으로 잡고, 배를 타고 기계로 땅을 뒤져서 잡았다. – 재첩이 많이 잡혔는데 경상도, 부산으로 팔려나갔다.

생물종	언어	잡는 시기	현재	생물종에 대한 기억과 지식
꽃게	꽃그이	4~6월, 8~10월	▽	– 과거 어망(꽃게망)목선 타고 바다에 나가 활어를 잡을 때 같이 잡혔다. – 주인이 '살'을 쳐 놓고 잡으면 다 못 잡으니까 뒤따라가면서 주인이 잡지 않은 물고기를 동네 사람들이 잡았다. – 물 들어올 때(물 쓰는 대로 따라가서) 그물을 쳐서 잡았다. – 찌개, 게장, 무젓, 매운탕을 하거나 쪄서 먹었다. – 예전에는 대하 그물로 잡았다.
* 잡히지 않음(×), 증가(△), 감소(▽)				

면담 과정에서 주민들은 많은 어종에 대해 언급했다. 면담을 통해 다양한 생물종에 대한 인식과 기억, 언어, 문화, 그리고 전통생태지식에 대한 접근을 할 수 있다. 그러나 세월이 지나면서 인간의 기억은 사라지기도 하고, 왜곡되기도 한다. 또한 과거로부터 이어져 오던 관행이나 지식이 사라지기도 한다. 생물문화다양성 개념을 매개로 금강하구의 사회-생태 시스템을 좀 더 깊이 이해하기 위해서는 생물학, 생태학, 언어학, 문화인류학 등 다양한 영역의 학문적 접근이 병행되고 통합되어야 한다.

면담을 통해 이해하고자 하는 것은 자연의 토대 위에서 주민들의 삶을 유지하게 한 공통된 특성을 발견하고자 하는 것이다. 주민들이 자연의 한 구성원으로 살아오면서 피부로 새겨진 공통된 기억, 관습,

삶의 방식을 통해 우리는 인간과 자연의 관계, 그리고 전통생태지식과 지혜를 알아볼 수 있다.

주민면담 내용은 크게 세 가지 특징을 보인다. 첫째, 주민들은 생물에 대한 생태적 지식을 잘 알고 있다. 생물종이 주로 나타나는 계절과 이동, 성장 과정, 서식환경, 번식장소와 시기 등에 대 잘 알고 있으며, 언어의 형태로 기억하고 전달되고 있다.

둘째, 주민들은 생물종의 특성, 경제적 가치, 조리방법, 먹는 시기, 약용, 도구제작과 잡는 방법 등 이용에 대한 지식을 갖고 있다.

셋째, 주민들은 생태계 및 환경, 기후변화에 민감한데, 이러한 변화는 생물종의 생태적 변화를 통해 느끼고 이해한다. 다음은 면담에서 나타난 몇 가지 세부 특징이다.

· 금강하구의 생태환경이 바뀌면서 많은 생물종이 사라졌거나 사라지고 있다. 황복, 민어, 재첩, 뱅어는 금강에서 사라졌고, 황석어, 웅어, 뱀장어, 실뱀장어, 농어, 숭어, 망둥어, 참게, 우럭, 갈치, 대하, 자하 등 과거 금강하구에서 풍부했던 어종이 사라져가고 있다.

· 기수역 어종의 다양성이 급격히 감소한 가장 큰 이유로 주민들은 금강하굿둑을 원인으로 보고 있다. 면담에서 주민 대부분은 금강하굿둑 건설 이전과 이후에 대해 공통된 경험과 기억을 갖고 있다.

· 언어다양성 측면에서 의미 있는 종들이 있는데, 크기, 빛깔에 따라 다른 이름으로 불리는 어종들이 있다. 숭어는 가장 큰 것을 배무룩대, 마루(大), 패랭이(中), 몰치(小), 동어(새끼) 등으로 불렸다. 뱅어는 검은 것을 '덕치', 흰 것을 '병어'라 불렸고, 민물새우는 '징거미', '새옹게', '강새우', '징검바리(큰새우)' 등으로 불렸다.

· 기수역을 이용하는 어종의 이동 시기에 대한 기억은 당시 주변 환경의 변화와 함께 기억하는 경우가 있다. 예를 들면, 황석어가 한여름(보름사리, 그믐사리)에 가장 많이 잡히고, 참게는 '나락이 영글 때 논에서 나온다'와 같이 특정 생물종과 주변 환경을 연결해서 기억하는 경우가 있다.

· 생물종의 산란 시기, 잡히는 시기는 대부분 동일한 기억을 갖고 있다. 그러나 잡는 방법, 음식, 경제활동, 언어 등 다소 차이가 있는데, 이것은 하구역이더라도 바닷가 지역과 육지 지역에 대한 차이, 반농반어 지역과 어업만 하는 지역에 따라 차이를 보였다.

갯벌은 그곳에 기대어 사는 수많은 생물뿐만 아니라 인간에게도 삶을 터전을 제공해 왔다. 금강하구 주민들에게 갯벌은 논이고 밭이었다. 주민들은 바닷물 흐름에 맞춰 호미, 맛사개, 갈쿠리, 그레와 같은 어로 도구를 챙겨 갯벌에 나갔다. 갯벌을 두드리자마자 갯벌은 수많은 조개, 게, 낙지를 내주었다. 주민들은 잡은 '갯것'들을 반찬으로 먹기도 하고, 값이 나가는 것들은 머리에 이고 지게에 지고 장(場)에 내다 팔았다. 또 일부는 쌀, 보리와 바꿔 먹기도 했다. 갯벌은 주민들에게 풍요로움이자 생활 터전이었다.

주민들은 바다 환경에 민감하게 반응한다. 그리고 갯벌 생물의 서식환경에 대해서도 자세히 알고 있다. 갯벌의 지형과 성질, 종마다 다른 갯벌 구멍의 모양과 깊이에 대해 잘 알고 있다. 그리고 조석 차이와 흐름에 따라 달라지는 생물종의 특징에 대해 경험으로 기억하고 있다. 잡는 방법 역시 생물 종마다 어떤 도구와 미끼를 사용하는 것이 효율적인지에 대해서도 잘 알고 있다.

조개잡이

　가무락조개은 모시조개라고도 하는데 패각이 검어서 가무락조개
다. 이 외에도 다양한 이름을 갖고 있는데 대롱, 가무래기, 다랭이, 다
령, 고막, 대랭이 등으로 불린다. 잡을 때는 호미나 갈쿠를 이용한다.
가무락조개는 주로 모래가 많은 혼합갯벌에 사는데 모래나 뻘의 함
량에 따라 색깔이 다르다. 그래서 주민들은 "모래 섞인 데는 허옇구,
뻘은 껌혀"라고 말한다. 음식은 직접 삶아 먹거나 젓갈을 담기도 하
고, 국, 회, 초무침, 칼국수 등으로 먹는다.
　개량조개는 대섬에 많았는데, 해방 이후에 많이 생겨서 '해방조
개'라 불렀다. 돼지가리맛은 "바람에 바다가 뒤집히면 많이 나왔다."
바다방석고둥은 매끄러워서 모시 날 때 "꾸리밥"으로 사용했다.
　백합은 '생합', '대합' 등으로 불리는데, 껍질 속에 흙이 없어 캐자

마자 바로 먹을 수 있어 '생합'이다. 조개 중에 가장 대접받는 게 백합이다. 송석리에는 '백합장'이라는 게 있었는데 백합 종패를 사다 키워서 일본에 수출하기도 했다. 어떤 주민은 과거 '백합잽이'를 하던 경험을 이렇게 이야기한다.

"장항제련소 근처 소풀에서 백합잽이를 했는데요. 그때는 솔직히 백합 7월, 8월, 9월 되면은 1키로에 만원 갔어요. 9월, 10월 되면은 만 삼천 원까지 갔어요. 쌀 한 가마니 80킬로짜리가 그때 오만 원 했어요. 그랬는데 9월 달에 생합을 하루에, 말하자면 우리 아저씨랑 둘이 가서 오십 키로를 잡아서 쌀 다섯 가마니를 샀어 그때는… 그냥 뭐, 그때는 땅(갯벌)이 얼마나 좋아가지고 물 밑에 가서 그랭이질도 하고 했는데, 얼마 안 가서 말하자면 하굿둑을 막았어요. 그래가지고 땅이 뻘이 들어오기 시작한 게, 말하자면 저 장항 소풀이라는 데서 저짝 먹섬이라고 있는데, 거쪽으로는 모래가 있지만, 이쪽으로 소룡동 바라보는 쪽은 뻘이 자꾸 차서 그래서 거기는 조개가 없고. 충청도 사람들이 자기 구역이 먹고 살기도 적은데 다른 사람들이 와서 한다고 못허게 싸움도 많이 하고. 그냥 허고, 하굿둑 만드면서 뻘이 자꾸자꾸 차면서 지금은 영 못 허고 있잖아요."〈연구대상자 J-36〉

주민들은 수많은 시간 갯벌을 터전으로 삼으면서 바다와 갯벌 생물의 특성을 이해하고 생태지식을 이어오면서 갯벌문화를 형성해왔다. 육지도 바다도 아닌, 그렇다고 육지와 바다의 경계로도 나눌 수 없는 이 축축한 땅은 우리에게 많은 것을 주었다. 그러나 서해안

한 어민이 유부도에서 그렝이질을 하며 백합을 잡고 있다. 지금은 갯벌에 뻘이 쌓여 예전처럼 많이 잡히지 않는다.

간척과 금강하구 개발로 인한 갯벌생태계 변화는 이미 10여 년 전부터 주민들이 피부로 경험하고 있다. 물살이 바뀌고, 뻘이 급속히 쌓이기 시작했다. 지금은 쏙이 갯벌을 점령해 가고 있다.

생태계의 변화는 생물종의 변화로 이어지고, 주민들의 삶과 문화에도 영향을 미칠 수밖에 없다. 따라서, 주민들의 생물문화다양성을 이해하고 보전, 복원하는 것은 지역의 지속가능성에 대한 핵심적인 열쇠가 될 수 있다.

다음은 금강하구 갯벌 생물종과 관련된 주민들의 언어, 음식, 그리고 기억과 지식에 관한 내용을 정리한 것이다.

생물종	언어	음식·요리	생물종에 대한 기억과 지식
가무락조개	대롱 가무래기 다랭이 다령 고막 대랭이 모시조개	– 사계절 – 칼국수, 국, 젓갈, 된장찌개, 회, 삶아서 초무침(여름), 탕, 수제비, 죽	– 호미, 그레, 깔꾸리, 갈쿠리로 잡았다. – 물렁물렁한 곳에 깊이 들어 있어 삽으로 판 다음 손으로 잡았다. – 뻘바탕(갯펄)에 있는 구멍을 찔러서 물이 나오면 캐냈다. – 모래가 섞인 데는 허영구, 뻘은 껌혔다.
개량조개	밀조개 노랑조개 해방조개	– 사계절 – 회, 된장찌게, 탕, 삶아서 초무침(여름), 국, 찌개, 젓갈	– 호미, 갈쿠, 맨손으로 사리 때 주로 잡았다. – 대섬에 많았는데 해방 이후에 생겨서 '해방조개'라 불렀다.
피조개	새꼬막 살조개 해럭이 꼬막	– 봄, 가을, 겨울 – 찌개, 삶아서 무침, 국, 회, 죽	– 호미, 까꾸리(갈퀴), 그렝이로 잡았다. – 갈고리나 호미로 펄에 나온 눈 (거시밥이라 부르는데 지렁이처럼 생겼음)을 찍어서 잡았다.
나문재	거중개 갯솔	– 나물	– 싹이 나올 때 베어 된장으로 양념해 먹었다.
낙지		– 봄, 가을 – 회, 삶아서 고추장 찍어 먹음, 머리 제거 후 날것으로 먹음	– 눈 보고(구멍) 삽이나 호미로 파서 팔을 집어넣어 잡았다. – 칠게를 미끼로 썼다. – 낙지가 들어간 구멍 옆에는 부르시 (뻘 주의는 약간 올라와 있음)한 곳을 삽으로 파서 잡았다.
동죽	고막 해레기	– 사계절 – 칼국수, 젓갈, 미역국, 초무침, 회, 삶아 먹음, 수제비, 부침개	– 깔꾸리, 호미, 그렝이로 잡았다.

4장 금강하구의 생물문화적 접근 237

생물종	언어	음식 · 요리	생물종에 대한 기억과 지식

백합	생합
	대합
		- 사계절
		- 회(겨울), 미역국,
		  구이, 국, 탕, 죽,
		  삶아서 먹음, 초무침
			- 호미, 갈쿠리, 그렝이로 봄에 많이
			  잡음
			- 껍질 깔 때는 조새를 사용했다.
			- 그물치고 대합 새끼를 사다 키우는
			  '백합장'이 있었다. 처음에는 치는
			  사람이 임자였는데, 서로 치려고
			  하니까 어촌계가 샀다.
			- 가격이 아주 비쌌다.

돼지
가리맛
	쭈깐맛
	홍맛
	쭉갓맛
	울맛
	촉맛
		- 봄, 가을, 겨울
		- 국, 찌개, 볶음,
		  된장찌개, 부침, 구이
		  삶아서, 무침, 회,
			- 삽, 세발 세스랑으로 잡았다.
			- 바람에 바다가 뒤집히면 위로
			  나오면 잡았다.

맛조개	맛살
	개맛살
	개맛
	맛
		- 사계절
		- 된장찌개, 젓, 국
		  삶아서 초무침,
		  칼국수
			- 펄에 얼맹이 구녕처럼 생긴 곳에
			  맛사개로 잡았다.
			- 맛사개(철로 끝이 삼각형)로 구멍
			  두 개 중 작은 것을 비스듬히 찌르면
			  나온다('8'자 모양을 보고 잡음).

떡조개		- 사계절
		- 삶아서, 국, 구이,
		  뭇국
			- 호미, 그렝이로 물렁물렁한 곳을
			  쇠갈쿠로 한 뼘 정도 파면 나온다.

농게	농발게
	농발이
	농발
		- 여름
		- 간장게장,
		  삶아서 먹음, 볶음,
		  된장찌개, 젓갈
			- 까꾸리(갈퀴), 그렝이를 만들어 파는
			  사람이 있었는데 요즘에는 없어서
			  군산에서 사온다.
			- 구멍에 손을 집어넣고 잡았다.

칠게	딱쟁이그이 칙게 칙그이	- 여름 - 간장게장, 삶아서 먹음	- 구멍에 손을 집어넣고 잡았다. - 낙지 미끼로 썼다. - 호미, 까꾸리(갈퀴)로 잡았다.

생물종	언어	음식 · 요리	생물종에 대한 기억과 지식
방게	깔댕이 갈뜽게 갈땅게 깔뚱게 깔뚱그이 깡뚱이 갈게	– 봄, 여름 – 간장게장, 삶아서 먹음, 젓갈, 찌개, 액젓, 간장을 끓이지 않고 그냥 부어서 4일 있다가 먹음, 된장에 볶아 먹음	– 강가에 뻘바탕 구멍에 손을 집어넣거나 삽으로 파서 잡았다. – 5월경 비가 오는 날에는 갈대에 갈게가 주렁주렁 붙어있어 푸대를 가지고 가서 주워 담았다. – 갈바탕에서 나오는 게를 손으로 잡고, 갈잎 먹을 때 맨손으로 잡았다. – 비 오는 날 횃불 들고 밤에 나가면 땅속에서 나와 있어 주워 담았다. – 참게에 비해 맛이 떨어졌다. – 갈대밭 전체가 갈게 구멍으로 되어 있었다. 구멍이 작고 진흙 속에 있기 때문에 구멍이 깊고 비틀어져 있다.
말뚱게	더풍이 더팽이 더펑그이 털팽이 더펑게 털보	– 초봄~가을 – 탕, 간장게장, 찌게, 젓갈 – 짐승 먹이로 줌	– 맨손으로 잡았는데 털이 없으면 '깔땡이', 털이 많으면 '털팽이'라고 불렀다.
피뿔고둥	소라 소래 삐틀이소라 참소라	– 4~11월 – 삶아서, 회 무침, 다져서 된장국	– 펄하고 모래가 섞인 곳에 많았는데 눈(갯벌 구멍)을 보고 잡았다.
바다 방석고둥	꾸리밥		– 모시 날 때, 모시굿 위에 '꾸리밥' 을 몇 개씩 얹어 놓으면서 모시를 날았다. 매끄럽고, 보기도 좋았다.

생물종	언어	음식 · 요리	생물종에 대한 기억과 지식
망둥어	망댕이 망둥이 문절이 쫄망댕이 (작은거)	– 봄~가을 – 여름에는 말려서 명태처럼 두드려 지져 먹음, 구이, 찜, 찌개, 조림, 회, 말려서 쪄먹음, 튀김, 매운탕	– 살, 낚시, 그물, 김발, 어려서는 손으로 잡았고, 커서는 낚시로 잡았다. – 벙어리낚시(대나무1.5미터)로 쑥을 미끼로 잡았다. – 봄, 여름은 살이 빠져서 안 먹었다. – 물을 품어서 발로 밟아서 잡았다. 물이 마르면 땅속으로 들어가기 때문에 무릎까지 펄에 빠져서 발로 밟아 느낌이 오면 손을 넣어서 잡았다. – 구멍 밖으로 나와 있으면 구멍을 막아서 잡았다. 둘이 같이 잡으면 더 수월하게 잡을 수 있었다.

갈대와 금강하구 생물문화다양성

갈대는 우리 주변에서 흔히 보는 식물이다. 갈대는 하천이나 담수, 기수역, 해안 등 크고 작은 군락을 형성하며 서식하고 있다. 하굿둑이 막히기 전 '갈바탕'은 육지와 바다의 연결고리이자 생명력이 넘치는 공간이었다. 갈대는 정화 능력이 뛰어난다거나, 사람들에게 감성을 불러일으키는 식물로 인식된다. 그러나 갈대가 갖는 생태계에서의 역할은 훨씬 다양하고, 인간은 오랫동안 갈대를 다양하게 이용해 왔다. 금강하구의 생물문화다양성을 이해하는 데 있어 갈대는 좋은 사례이다.

금강하구에서 갈대의 생태적 기능은 매우 중요하고 다양하다. 수질정화 능력뿐만 아니라 곤충, 파충류, 포유류, 조류, 어류, 갑각류, 어류에 이르는 다양한 생물의 산란지, 서식지, 은신처를 제공한다.

예를 들면, 쑥새류, 촉새, 멧새류, 참새, 붉은머리오목눈이와 같은 몸집이 작은 새들에게 갈대숲은 숨기도 좋고, 먹이인 풀씨와 곤충이 많아 좋은 서식환경을 제공한다. 특히, 개개비는 여름철새인데 금강하구 갈대밭에서 번식을 한다. 여름철 갈대밭에선 "개개~비비~"하

개개비가 갈대 줄기를 이용해 집을 지어 새끼를 키우고 있다. 갈대는 많은 동식물에게 훌륭한 은신처이자 서식지다.

는 소리가 쉴 새 없이 들린다. 번식을 마치면 갈대숲은 언제 그랬냐는 듯이 고요해진다.

주민들은 갈대를 '갈', '깔'이라 하고, 갈대밭을 '갈바탕'이라 불렀다. 주민들은 땔감에서부터 채반, 갈자리, 발장과 같은 생활 도구와 건축 자재로 이용했다. 그리고 갈대 뿌리를 '갈꿍이' 또는 '깔꿍이'라고 불렀는데 이뇨, 소염, 해독, 해열 등의 효과가 있어 약재로도 이용했다.

금강하굿둑을 경계로 바닷가 쪽에 서식하는 갈대는 대부분 키가 작은 데 비해 금강호에서 상류 천변으로는 갈대, 물억새, 모새달(산림청지정, 희귀멸종위기식물 194호), 물억새가 혼재하여 서식하고 있

갈대 뿌리는 단맛이 있어 어릴 때 자주 캐 먹기도 하고, 이뇨, 소염, 해독, 해열 등의 효과가 있어 약재로도 이용했다.

다. 그러나 바닷물이 유입되지 않아 갈대 줄기는 가늘어지고 키가 높이 웃자라고 있다. 게다가 갈대밭에 물이 닿지 않으면서 환삼덩쿨, 소리쟁이, 달맞이꽃, 가시박과 같은 육상·외래식물이 침투하면서 육상화가 가속화되고 있다.

갈바탕에서 흔히 보이는 게는 '갈게', '방게', '말뚝게' 등과 같은 것이었는데, 주민들은 세밀하게 구분하기보다는 '깔냉이', '깔뚱게', '깔땡게', '깔뚱그이', '깔뚱이', '깔땡그이' 등으로 마을마다 조금씩 다르게 불렀다. 단지 말뚝게는 다리에 털이 있어 '털팽이', '더펑그리', '더펑게', '더풍이' 등으로 불렀다.

금강하구 주민들의 공통적인 기억 중 하나가 젊은 시절 "저녁에

1 갈대 | 2 갈꽃 | 3 모새달 | 4 모새달꽃

광솔불을 만들어 갈대밭에 가서 '깔땡그이'를 주웠다"고 한다. 5월 경 비가 오는 날에는 갈대에 '갈게'가 주렁주렁 매달려 있어 주워 담 았다고 한다. 갈바탕에서 나오는 게는 손으로 잡고, 갈잎을 먹고 있을 때는 맨손으로 잡았다. 갈게는 잡아서 삶아 먹기도 하고, 젓갈, 찌개, 된장에 볶아 먹기도 하고, 끓이지 않은 간장을 그대로 부어 나흘후부터 먹었다. 그러나, 금강호 주민들은 금강하굿둑이 건설되고 민물이 되면서 갑자기 사라졌다고 한다.

기수역 어종인 웅어(Genus Coilia)는 특히 갈대와 인연이 깊다. 웅어는 청어목(Order Clupeiformes), 멸치과(Family Engraulidae) 웅어속 (Genus Coilia)에 속하는 어류로서, 한국, 일본, 중국, 등지의 연안에 분포하고 있다. 연안 회유성 어류로 산란기에는 바다에서 강 하류로

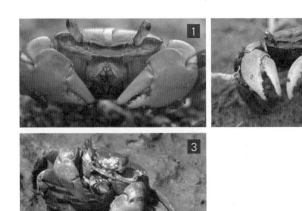

1 방게 | 2 말똥게 | 3 갈게

올라와 갈대밭에 산란한다. 부화된 어린 웅어는 여름~가을에 걸쳐
바다로 내려가서 성장한다. 군산지역 주변에서는 동진강과 만경강
의 연안 해역에서 성장한 후 금강하굿둑 주변의 기수역에 올라와 산
란한다. 그러나 현재 금강하굿둑이 막히면서 산란장소로의 이동이
막혀 금강에서 웅어가 점차 사라지고 있다.

  과거에는 웅어를 갈대 위(葦), 갈대 노(蘆)자를 써서 '위어(葦魚)',
'노어(蘆魚)'라 하기도 하고, 모양이 칼처럼 생겨 도어(魛魚)라고 불
렀다. 황해도 의주에서는 '웅에', 해주에서는 '차나리', 충청도 등지
에서는 '우어', '우여'라고 불린다.

  웅어는 2월부터 강을 거슬러 올라오는데 산란은 5~8월경에 갈대
가 있는 '갈바탕'에서 일어난다. 부화한 어린 물고기는 여름부터 가

웅어(Genus Coilia)

을까지 바다에 내려가서 겨울을 지내고 다음 해에 성어가 되어 다시
산란장소에 나타난다. 웅어를 이용한 요리는 회, 훈제, 젓갈을 담거
나 말렸다가 구이를 해 먹기도 했다.

　웅어는 금강하굿둑이 건설되기 전 황복, 뱀장어, 실뱀장어, 참게[1],
재첩 등과 함께 주요 소득원이었다. 주민들은 기수지역인 금강하구
가 막히면서 어류 산란 장소가 없어졌다고 한다. 치어(稚漁)가 사라
지다 보니 어장이 고갈돼 버린 것이다. 특히 모래가 많이 쌓인 곳이
갯벌로 뒤덮여 버리면서 이곳에서 살던 재첩이 사라졌다고 한다.

　　"(하굿둑 만들기 이전에) 그물로 웅어를 2월달부터 하여간 오래 잡
　　았어요. 그전에 거기는 거의 왔다 갔다 하니까. 많이 잡힐 때는
　　3~5월에 제일 많이 잡혔죠. 그리고 여름에는 뭐 까치복. 비 많
　　이 오면 까치복이 많고. 장마철이니까. 웅어 끝나고 황석어 잡혀
　　요. 6월달부터 7월. 그 이후에는 까치복 나오고. 이제 추석 무렵
　　에는 참게. 그리고 겨울에는 숭어. 장소는 뭐 군산 앞에서부터

1　현재 금강호에서 보이는 참게는 '참게 목장화 사업'으로 부여, 청양 등에서 치어를 방류
　한 것이다.

웅포대교까지. 그때는 (가격이) 쌌었어요. 양이야 많았지요. 한 번 나갔다 하면, 그때는 몇 다라(몇 동)씩 잡았죠. 배는 한 0.5톤. (엔진은) 착착이, 방아 찧는 기계, 그거 하고 경운기 (엔진을) 사용했어요. 실뱀장어. 그거 하면 (어업 시작한 지) 30년 된다고. 하굿둑 막으면서 황석어, 까치복이랑은 싹 없어졌어요. 웅어는 조금 나오고 많이는 안 나와요. 참게는 요새 조금 나와요. 예전과 게임도 안 돼요. 예전에는 하루에 몇백 마리씩 잡았는데 지금은 많이 잡아야 몇 마리, 열 마리 이십 마리. 그리고 참게가 나온 지 몇 년 안 돼요. 전에는 없다가 3~4년 전부터 나오기 시작했어요. 치어를 풀었다는 것 같아요. 숭어도 마찬가지예요. 많이 줄었어요. 올해는 숭어 구경도 못 했네요. 작년에는 10월 13일 날에 숭어잡이를 했거든요. 근데 올해는 몇 번 그물을 넣었지만, 숭어 구경도 못 했어요. 실뱀장어도 뭐 많이 줄었죠, 옛날보다."

〈연구대상자 J-22〉

금강하굿둑이 막히기 전에는 황복, 참게, 뱀장어, 숭어, 황석어, 재첩 등 다양하고 많은 생물이 잡혔다. 하굿둑의 등장은 회유성 어종에게는 치명적이었다. 하구 주민들에게 생명창고와 같았던 금강하구, 그 많던 물고기들은 사라지고 주민들의 기억도 어렴풋해지고 있다.

갈대는 주민들의 삶과 관계가 깊었다. 갈대가 없었으면 어떻게 살았을까 싶다. 채반, 갈자리, 발, 갈비와 같은 생활 도구에서부터 섶 울타리, 땔감 등으로 이용했고, 집을 지을 때 건축 자재로도 쓰였다. 갈대 뿌리를 '깔뿌리'라 했는데, 달작지근해서 어린 시절 동무들과 함께 캐 먹기도 했고, 산골 사람들은 '갈꿍이'라고 해서 약제로 이용하

벽면에 갈대를 외엮기 방식으로 엮고, 개흙을 발랐다.

기 위해 캐 갔다.

갈대는 훌륭한 건축 자재였다. 가난한 주민들이 집을 짓는 것은 쉬운 일이 아니다. 자연히 주변에서 쉽게 구할 수 있는 재료를 찾는 것이 우선이다. 갈대 줄기는 집을 짓는데 더없이 좋은 재료였다. 벽에 흙을 바를 때 흘러내리지 않도록 벽면에 갈대로 뼈대를 만드는데, 이 방식을 '외엮기'라고 한다. 그리고 갈대 뼈대에 개흙(염기가 있는 뻘흙)을 붙여 벽을 완성한다.

장판이 나오기 전까지 방바닥에 갈대로 엮은 갈자리를 깔았다. 갈자리는 갈대 줄기를 그대로 사용하여 엮은 것이다. 방바닥이 흙으로

지금은 갈비를 직접 만들어 쓰는 경우가 드물지만, 과거에는 대부분의 집에서 갈비를 썼다. 이 사진 속 갈비는 판매하기 위해 만드는 것이다.

되어 있기 때문에 일본 다다미처럼 깔았다. 또한 갈대를 처마와 연결하여 비를 피하게 하는 창고 만드는 데 사용되기도 하였다. 이곳에 소금단지, 젓갈단지, 각종 도구를 보관하였다.

생활 도구와 건축 재료로 사용되는 갈대는 최후로 땔감으로 사용된다. 한산면 신성리 주민들은 벼를 수확한 다음 볏짚을 땔감으로 사용하였는데, 겨울을 나기에 충분하지 않았다. 땔감을 구하러 산으로 가려면 거리가 멀었다. 그래서, 주민들은 가을에 갈대를 베어 둥그렇게 세워 두었다가 겨울에 땔감으로 사용했다(유승광, 2010).

갈꽃은 갈비를 만들어 사용했다. 금강하구 주민 대부분이 만들어 썼다. 갈비를 만들어 썼거나, 만들어 팔았던 주민들은 한결같이 갈꽃은 "백로(白露) 전에 채취해야 새지 않고, 부서지지 않는다고 한다." 갈비에 대한 주민들의 경험과 기억은 갈대를 이용하면서 알게 된 전통생태지식이다.

옛날에는 갈대 줄기가 엄지손가락만 했는데, 하굿둑이 막히면서 굵기가 가늘고 줄기의 힘이 약해져 갈비를 만들기 어렵다고 한다. 금강하구역 생태계의 변화는 갈대 생육에 영향을 주고 과거 갈대와 관련된 언어, 문화, 전통생태지식 영역에 영향을 미친다고 볼 수 있다.

다음 표는 갈대가 생물다양성 측면에서뿐만 아니라, 언어다양성과 문화다양성, 그리고 전통생태지식의 연관성을 보여준다.

종	언어	갈, 깔, 깔뿌리, 깔끙이, 갈바탕
갈대 (Reed)	문화	– 갈대로 집을 지었다. – 갈꽃으로 갈비를 만들어 썼다. – 땔감으로 이용하고 산자리, 우께, 채반, 갈자리, 발장, 홀타리 등 생활 도구를 만들어 썼다. – 신성리 갈대는 함부로 베지 못했는데, 인삼밭 처마를 만드는데 사용했다.
	전통생태지식	– 웅어는 갈대에 알을 낳는다. – '외엮기'를 해서 흙집을 지었다. – 갈바탕에 횃불을 들고 가서 '깔땡글'을 주웠다. – 백로(白露)가 지나면 갈대꽃이 억새져서 삶으면 꽃이 떨어진다. – 갈대 뿌리를 '깔뿌리'라 했는데, 씹으면 단맛이 나서 자주 먹었다. – 갈대 뿌리를 '갈끙이'라고 했는데, 이뇨, 소염, 해열, 해독에 효과가 있어 약재로 이용했다. – 옛날 갈대는 줄기가 엄지손가락만 했다. 지금은 가늘고 안 좋아졌다. – 5월경, 비가 오는 날 갈게가 갈대에 주렁주렁 매달려 있었다. – 하천에 갈대발을 엮고, 한쪽으로 유인해 참게를 잡았다.

어살을 통해 본 마을의 생물문화다양성과 전통생태지식

    우리나라의 급격한 산업화는 양적 경제성장을 이루었다. 사람들은 일자리를 위해 농촌에서 도시로 몰려들었고 도시는 팽창하기에 바빴다. 그러나 산업화와 도시화는 도시와 농촌의 불균형, 생태계 파괴, 환경오염, 빈부 격차 등 당장 해결해야 할 수많은 문제를 낳았고, 미래 세대에게 과도한 짐을 지게 하고 있다는 비판의 목소리가 높아지고 있다.

    마을은 이제 아이들 웃음소리, 울음소리를 담지 못하고 있고, 청년들은 각자의 삶을 찾아 농어촌을 떠난다. 시간이 갈수록 노인들의 주름은 더 깊어만 지고 있다. 정부는 농어촌을 살린다면서 이런저런 명목으로 농어촌개발사업을 끊임없이 추진하고 있다. 일부 지역에서는 마을에 돈이 들어가면서 주민들 간에 갈등과 다툼으로 이어지고, 나중에는 이웃 간에 얼굴마저 돌리고 사는 사례가 발생하기도 한다.

    안타깝지만 우리나라는 수많은 마을이 생태·문화적으로 지속불가능한 공동체의 길에 들어섰다. 일 년에 한 번 하는 축제로 마을이 살아나지 않는다. 축제는 대대로 그들의 공동체를 유지하고 문화를 전승하는 놀이이자 종교의식이라 할 수 있는데, 지금의 축제는 주객이 바뀌면서 오히려 주민들 간 갈등을 일으키고 지역의 생태계를 훼손하거나 생명윤리 문제를 일으키는 등 부작용이 나타나고 있다.

'마을만들기' 사업은 주민들의 '삶의 질 향상', '공동체 활성화'와 같은 취지와 목적을 갖고 우리나라 여러 도시와 농어촌 마을에서 다양하게 시도되고 있다. 피폐해져 가는 마을이 주민들의 자발적 노력으로 성공하는 사례를 가끔이지만 보게 된다.

대부분 이런 곳은 눈물 없이는 볼 수 없을 정도로 몇몇 리더의 희생과 노력이 마을 공동체에 녹아져서 만들어진 결과물인 경우가 많다. 한편으로는 소수의 희생과 노력이 전제되는 마을만들기 방식이 지속가능한가에 대해서는 의문이지만, 이것 또한 현실이다.

반면에 마을만들기에 대한 비판적 시각도 있다. 실적을 위해 주민을 동원하거나 사업 방식이 하향식으로 진행되는 경우나 소모적인 일회성 사업 등 성과를 위한 사업이라는 비판을 받는 것도 사실이다. 도시와는 달리 수천 년 동안 유지되어 온 전통마을을 외부 자원을 통해, 그것도 짧은 시간에 변화시킨다는 것은 쉽지 않은 일이고, 그것이 사실 필요한지에 대해서도 의문이다.

지속가능했던 마을들이 왜 지속불가능한 길에 들어섰는가. 개발과 도시화의 영향이거나 인구감소가 원인일 수도 있고, 생물다양성의 감소나 생태계 변화일 수도 있다. 아니면 복합적인 문제일 수도 있다.

지속가능한 마을에 대한 인식과 관점의 변화가 필요하다. 현재 시점에서 마을의 미래를 바라보기도 하지만, 현재 시점에서 과거를 바라보는 것이 오히려 지속가능한 미래를 기대하는 데 도움이 될 수도 있다.

우선 우리는 마을이 어떻게 지속가능한 방식으로 유지되어 왔는 가에 대한 접근이 필요하다. 지속가능한 마을은 물질과 에너지가 순환하는 마을이다. 사람들은 태양에너지를 온전히 이용하고, 자연의 흐름을 이해했으며, 회복탄력성을 유지하면서 그들이 속해 있는 생태계를 이용해왔다. 동양의 전통사상인 풍수(風水)는 마을의 지속가능성을 이해하는 데 많은 도움을 준다. 풍수는 장풍득수(藏風得水), 즉 '바람을 갈무리하고 물을 얻는다'에서 나온 말이다. "풍수는 오랫동안 마을의 입지, 경관 구성, 주민들의 자연 인식과 태도에 큰 영향을 미쳤다. 전통마을의 풍수문화와 풍수경관은 오랫동안 자연환경에서 적응하며 살아온 주민들의 풍수적 자연 인식 및 관계의 생활사가 반영된 것으로서, 사람과 자연의 상호작용으로 빚어진 문화생태적 결과물이자 전통지식체계다"라고 말한다(최원석, 2012).

마을의 지속가능성은 생물문화다양성의 풍부함에 있다. 오랜 기간 마을이 유지되는 것은 자연의 토대 위에 공동체 문화가 뿌리를 내리면서 이어져 온 것이다. 생물문화다양성은 지속가능한 공동체에 필요한 전통생태지식이 창발적으로 형성·누적되는데 바탕이 되고, 전통생태지식은 생물문화다양성을 유지·지속하는 역할을 한다고 할 수 있다.

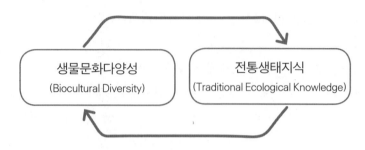

생물문화다양성과 전통생태지식의 관계

　

금강하구에서 서천 연안은 조석에 의해 갯벌이 드러났다가 다시 바닷물에 잠기는 '조간대'가 넓게 형성되는 지역이다. 이 거칠고 역동(力動)하는 환경에서 수많은 생물은 나름의 생존 전략을 익히며 살아남았다.

주민들 또한 자연의 순리와 순환의 과정을 직접 체화(體化)하면서 이곳을 생활의 터전으로 삼았다. 전통어업인 '어살'과 '독살'은 인간이 자연에 적응하면서 독특한 문화를 형성하게 된 과정을 우리에게 드러내고 지속가능성에 대한 물음에 한 발 더 접근할 기회를 준다. 어살은 어전(漁箭)이라고도 하는데, 대표적 전통어업 방식으로 조수를 이용한다. 밀물과 썰물 때 들고 나는 물고기를 잡기 위해 길목에 함정을 설치해 잡는 방법이다.

어민들에 의하면 '어살'은 서천 연안 곳곳에 있었던 것으로 알려지고 있는데[1], 지금은 거의 다 사라졌다. 다행히 '독살'은 몇 군데 남

---

1 『세종실록지리지』에는 서천·비인 지역의 어살의 개수가 기록돼 있는데, 서천은 17개, 비인은 15개가 있었던 것으로 나타났다(충남의 민속문화, 2010 인용).

아 있는데 서천군 비인면 장포리와 도둔리, 서면 마량리에 그 형체와 흔적이 있다. 서천 연안의 독살에 관한 연구나 기록이 부족하긴 하지만 어업의 문화적 가치에 대한 보존, 관광 · 체험 목적으로 그나마 명맥을 유지하고 있다. 그러나 어살에 대한 기록은 찾기가 어렵고, 주민들의 과거 경험과 기억에 의존할 수밖에 없기 때문에 지속적인 연구와 기록이 시급하다.

서천군 마서면 남전리와 옥남리 앞 갯벌은 마을의 생물문화다양성 측면에서 흥미로운 지역이다. 이 두 마을은 바닷가에 접해 있으면서 사회, 경제, 문화, 언어적으로 독특한 특성을 보여준다.

남전리는 세 개 마을(백사, 칠전, 합전)로 이뤄졌는데, 백사마을은 어업을 합전과 칠천마을은 주로 농사를 지었다. 합전마을 사람들은 문화, 경제 수준이 높아 일제 강점기에는 '문화촌'으로 불렸다. 칠전

서천군 서천읍 마서면 남전리, 그리고 장항읍 옥남리 앞 갯벌에 '아소래섬'으로 불리는 작은 섬이 하나 있다. 섬과 주변 갯벌은 주민들에게 생물문화적으로 의미가 있는 지역이다. 또한 수많은 물새가 이곳을 채식지 · 휴식지로 이용하기도 한다. (사진: 국토지리정보원)

마을에는 '말 무덤'이 있었는데 합전에서 구운 기와를 말이 끌다 죽으면 그곳에 묻었다고 한다. 지금도 땅을 파 보면 기왓조각이 나오기도 한다. 합전은 '두레'라는 관습이 있었고, 열두 명을 한 그룹으로 세 개 그룹이 있었다. 독특한 것은 두레 이름을 '벌' 이름으로 지었는데, 제일 일을 잘하는 그룹을 '왕탱 두레', 중간쯤 일하는 그룹을 '바달이 두레', 그리고 일을 잘하지 못하는 그룹을 '오빠시 두레'라 불렀다고 한다.

놀이는 명절 때 윷놀이, 연날리기와 같은 전통적 놀이 이외에 평상시에는 공차기, 못치기, 땅뺏기, 공부 등을 하며 놀았는데, 몇 가지 정리를 하면 다음과 같다.

· 공차기: 짚으로 공을 만들어 차는 놀이.
· 못치기: 참나무를 깎아 끝을 뾰족하게 하고, 한 사람이 땅에 던져서 꽂으면 다음 사람이 꽂아 쓰러뜨리는 사람이 나무를 갖고 노는 놀이.
· 땅뺏기: 새금팔(조각난 사기를 갈아 만듦)로 손가락으로 치면서 땅에 선을 그어서 하는 놀이.
· 공부: 일제 강점기 지금의 야구를 '공부'라 불렀음. 투수는 없고 타자가 직접 공을 치면서 하는 놀이.

어린 시절 동무들과 놀면서 어른들에게 "저놈의 새끼들 밥 꺼지게 돌아다닌다"라면서 많이 혼났다는데, 그 시절의 어려운 삶을 잘 표현하는 말이 아닐 수 없다. 바닷가에서 살았던 한 주민은 과거 생물종에 대한 많은 기억을 갖고 있다. 그 기억은 다음과 같다.

· 조개, 바지락을 많이 잡았다. 오염이 되지 않아 맛조개가 많았다. 지금은 오염돼서 가리맛이 많다.

· 송림천에 참게가 많았다. 밟아서 잡고, 더듬어 잡고, 그물로 잡았다.

· 깔뚱게는 밤에 횃불을 들고 갈밭에 가서 잡았다.

· 갈꽃으로 갈비를 만들어 썼다. 고급 빗자루다. 억센 놈은 삶으면 꽃이 떨어진다. 삶아서 말린다.

· 땔감, 홑타리, 발장, 발을 엮어 고기를 말릴 때 쓰기도 했다.

· 농어는 낚시로 잡았고, 우럭, 바카지, 꽃게, 백새우, 자하, 중하, 대하, 망둥이 등을 잡았다.

· 농어 새끼를 '깔때기'라 했고 많이 잡았다.

· 송림 포구에 황포 돛단배가 40척 정도 있었다. 대섬, 아소래섬, 유부도를 왔다 갔다 했다. 어종은 주로 조개를 많이 잡았다.

· 아소래섬 근처에서 밤고둥이 많이 잡혔는데 명주고둥이 섞여 있었다.

· 타래고둥은 풀섶에 많이 있었다.

· 큰구슬우렁이를 '배꼽고둥'이라 했다.

· 동다리는 바닥이 단단한 지역, 풀하고 같이 있었다.

· 갯우렁이가 많았다.

· 개량조개는 대섬에 많았는데 해방 이후에 생겨서 '해방조개'라 불렀다.

· 콩게류를 '쫄장게'라 불렀다.

· 운모조개를 '근은조개'라 불렀고, 많았다.

· 칠게를 '칙게'라 불렀다.

· 함초, 갯솔(나문재)도 많았는데, 싹이 나올 때 칼로 베어 나물로 먹었다.

· '꾸리밥(바다방석고둥)'으로 모시 날 때, 모시굿 위에 '꾸리밥'을 몇 개씩 얹어 놓으면서 모시를 날았다. '꾸리밥'이 매끄럽고 보기도 좋았다.

논농사를 짓지 않는 백사와 옥남리 주민들은 주로 어업으로 생계를 유지했다. 틈이 나면 모시를 째면서 어려운 생활고를 이겨내기도 했다. 맨손어업으로 잡은 '갯것'을 머리에 이고 장항, 길산, 판교, 군산 등지로 팔러 다녔다. 다 팔리지 않은 '갯것'을 가지고 올 때면 몸과 마음이 더 힘들었다고 한다.

남전리와 옥남리 앞에 '아소래섬'이라고 부르는 아주 작은 섬이 있다. 1960년대까지 이 섬을 중심으로 세 개의 '어살'이 있었다고 한다. 풀등 너머 남쪽에 있는 어살을 '푸넘어살', 밀물 때 섬 동쪽으로 물길이 만나는 이을목의 어살을 '목살', 그리고 북쪽에 있는 '지리살'이다.

어살은 'V'자 형태로 만드는데 '목살'의 경우 한 변의 길이만 200m에 이른다. 어살은 일정한 간격으로 소나무 말뚝을 뻘에 박는다. 그리고 대나무를 약 0.5㎝ 두께로 얇게 쪼갠 다음 발을 엮어 만든다. 어살은 왠만한 재력(才力)이 있지 않으면 만들 수 없었고, 다른 사람과 높은 금액에 매매가 이뤄지기도 했다. 어살 관리인을 '살감고', '살강구'라 불렀는데, '살감고'에서 감고(監考)는 조선시대 국가에서 특수 용도로 관리하던 산림·천택(川澤)의 감독관에서 비롯된 것으로 보인다.

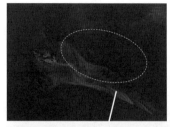

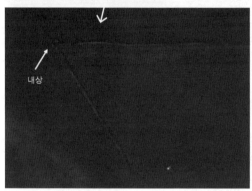

아소래섬 위로 흐릿한 '어살'의 형체가 보인다.
면담 결과 이 어살의 이름은 '목살'로 밝혀졌다.
(출처 국토지리정보원(1967))

내상

　주민들에게 '어살'에 대한 위치와 규모, 설치 방법 등에 대한 이야기를 들을 수는 있었으나 지금은 어살의 흔적이 없어 국토지리정보원 과거 위성 지도를 모두 찾아보았다. 그 결과 한 개의 어살 흔적이 보였는데, 다음 그림에서 이 어살은 '목살'인 것으로 밝혀졌다.

　썰물이 되면 사람들은 '살'에 들어가 '쪽대'나 '꼬챙이'를 이용해 물고기를 잡는다. 잡은 물고기는 개인이 마음대로 가져갈 수는 없다. 크고 상품 가치가 있는 물고기는 '살강구'에게 주고, 작고 상품 가치가 낮은 것들만 가지고 나왔다고 한다. 그때만 해도 삼치, 농어, 숭어, 민어 등 다양하고 많은 물고기가 잡혔다고 한다.

　크고 값어치가 있는 것들은 주로 내상(살 중심부에 있는 사각형 모

쪽대(왼쪽)와 조락(오른쪽), 쪽대는 그물코를 작게 해서 자하를 잡기도 했다.

양의 지역)에 몰리는데 '살강구'가 일을 마치고 돌아가면 사람들이
이 내상에 들어가 미처 잡지 못한 것들을 잡는데 이를 '훗물본다'라
고 했다.

  아소래섬과 두르녀 사이 갯벌은 지대가 낮은데, 밀물과 썰물 때 물
살이 센 곳을 '두르녀 또랑'이라고 한다. '두르녀'는 작은 바위들이
몰려 있는 곳인데, '두르녀'라는 명칭이 왜 붙여졌는지 확실하지 않
으나 '두르녀'의 '녀'는 한자 돌이름여(礖)에서 유래한 명칭으로 보
인다.

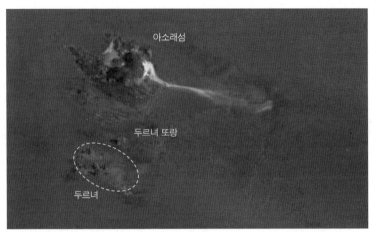

아소래섬

두르녀 또랑

두르녀

아소래섬과 작은 바위들이 솟아 있는 '두르녀' 사이에 있는 저지대 갯벌을 '두르녀 또랑'이라고 한다. (사진:국토지리정보원)

아소래섬과 두르녀 주변에는 조개류와 소라가 많이 났고, '두르녀 또랑'에서는 낚시를 했는데 농어를 많이 잡았다고 한다. 두르녀에 가려면 '두르녀 또랑'의 물살이 세서 주민들은 앞 사람의 허리를 잡고 줄을 지어 들어갔다. 두르녀는 항상 갈 수 있는 곳은 아니고, 보름 때 2~3일 정도밖에 들어갈 수 없기 때문에 한 번 들어가면 다양한 생물을 많이 잡을 수 있었다.

전통어업인 어살과 갯벌은 마을 생물문화다양성과 전통생태지식을 이해하는 데 의미가 있다. 어살과 갯벌은 마을 공동체를 유지하는 데 많은 기여를 했다. 어살을 이용하면서 마을주민 모두가 경제활동을 하는 것은 아니지만, 어살 주인과 주민들 사이에 공유경제적 성격을 어느 정도 내포한다고 할 수 있다. 어살은 많은 자본이 들어가기 때문에 재력이 뒷받침되어야만 할 수 있다. 대신 주민들은 어살 주인에게 어느 정도 노동력을 제공하고 어살에서 얻은 물고기를 통해 단백질을 얻거나 일부는 시장에 내다 팔아 경제활동을 했다.

아소래섬 주변으로 어살을 설치할 때는 마음대로 하는 게 아니라 조석에 대한 지식, 바닷물의 흐름, 그리고 갯벌 지형 등을 고려해 북, 남, 동쪽에 각각 만들었다. 어살의 이름이 '풀등' 너머에 있어 '푸넘어살', 밀물 때 바닷물이 아소래섬을 돌아 서로 만나는 이을목이어서 '목살'이라고 하는 것처럼 어살의 설치는 전통생태지식에 기초한 것이라 할 수 있다.

주민들은 아소래섬과 두르녀 주변의 물 흐름이 물때에 따라 어떻게 변하는지 잘 알고 있고, 조석의 변화에 따라 어떤 생물종이 나타나고 이동하는지에 대해서도 경험적으로 잘 알고 있다. 바다 환경의 변화와 함께 갯벌 지형에 익숙해지면서 그들만의 경험과 지식을 공유하게 된 것이다. 그러면서 아소래섬을 중심으로 적응의 과정에서 자연스럽게 갯벌문화가 형성됐다.

그러나 산업화와 개발에 따른 생활방식의 변화, 그리고 자본 집약적 기술의 진보는 전통어업이 설 자리를 잃게 했다. 전통어업은 느린 것이고, 비생산적이고, 비효율적인 것이 되어버린 것이다. 이제 연안의 생물다양성이 감소와 함께 어살이 사라져 가면서 어민들이 축적해 온 경험과 지식, 그리고 이와 관련된 많은 언어도 함께 사라져 가고 있다.

'어살', '돌살'과 같은 전통어업의 몰락에 대해 주강현(2006)은 기계화된 배의 등장으로 '기다리는 어업'이 아니라 '쫓아가면서 잡는 어업'이 가시화되면서 전 세계 바닷가 토착적 연안어업의 풍부한 다양성이 급격히 사라졌다고 말한다. 이어서 그는 서구에서의 대안으로 "토속적 고기잡이를 민속적 경영(Folk management)이라고 명명하고 이를 대대적으로 재평가하기 시작했다. 민속적 경영시스템의 중요성은 그것을 구성하는 제도, 관행, 그리고 지식에 있다. 민속적 경영시스템은 자신들의 생존에 필요한 물고기잡이와 상업적 어업을 모두 포함하는, 전형적으로 더 소규모로 연근해에서 이루어지는 어업이다"라고 말한다.

현재 아소래섬 주변은 '어살'을 만들거나 '쪽대'를 이용해 물고기를 잡지 않는다. 바다와 갯벌에 의지해 평생 삶을 살아온 주민들도 이제는 나이가 들어 더 이상 갯벌에 나가 일하기가 힘들다. 그래서 더욱 지역의 생물-문화다양성의 유지와 보전을 위한 노력이 필요하다. 지금부터라도 자연-주민들 간 형성된 삶의 관계를 살펴보고, 그 시공간의 과정에서 축적되고 전승된 전통생태지식, 그리고 문화와 언어에 대해 기록하고, 이해하는 것이 필요하다.

생물문화다양성과 지역의 지속가능성

　생물다양성 감소의 원인으로 도시의 팽창, 서식지 훼손 및 개발, 살충제 및 비료 사용, 사막화, 남획 등으로 인한 서식지 파괴를 들고 있다. 또한 세계에서 가장 생물다양성이 높은 지역이 사회 · 경제 · 정치적으로 불안정한 상황에 놓여 있는 것도 심각한 원인으로 보고 있다.

　지속가능한 세계는 생물-문화-언어 다양성이 풍부한 세계다. 생명의 다양함은 생태계에 활력을 주고, 시스템을 유지하고, 회복력을 갖게 한다. 그렇기 때문에 생태계가 외부환경의 영향을 받으면서도 이에 적응하고, 생존하게 된다.

　지속가능성에 대한 통찰을 보여주는 두 학자의 예를 우리는 참고할 필요가 있다. 프리초프 카프라는 그의 저서 『생명의 그물』에서 상호의존성, 재생, 협력, 유연성, 다양성 그리고 이 모든 것들의 결과로서의 지속가능성이 생태학의 기본원리라고 말한다. 예를 들어, 생태계에서 다양성의 역할에 대해 다음과 같이 말한다.

"특정 생물종이 심각한 교란에 의해 파괴되었을 때, 그래서 그 연결망의 한 사이클이 끊어졌을 때에도 다양성을 가진 생태계는 살아남아 스스로를 재조직할 수 있다. 그 생태계의 연결망 속에 들어있는 다른 연결고리들이 최소한 부분적으로라도 파괴된 종의 기능을 수행할 것이기 때문이다. 다시 말하자면 연결망이 더 복잡할수록, 상호연결성이 더 복잡할수록 그 시스템의 회복력도 커질 것이다."

그러나 생태계와 삶의 바탕이 되는 생물다양성은 시간이 갈수록 감소하고 있고, 생태계가 회복력을 갖는 한계를 넘어서고 있으며, 점점 더 균형을 유지하기 어려운 상황으로 몰리고 있다. 대량생산과 대량소비로 이어지는 지속불가능한 생활방식은 생명체 간의 공생 관계를 끊고 물질과 에너지의 순환을 단절시키고 있다. 그래서 권영근(2008)은 그의 저서『지역순환형사회를 꿈꾸며』에서 지속가능한 사회는 '저(低)엔트로피 사회'로 순환성 · 다양성 · 상호의존적 관계성이 효과적으로 작동되는 사회라고 주장한다.

"생태계 · 환경 · 생명(체)은 자기를 복원하는 것에 의해 스스로를 유지한다. 복원을 위한 활동에서 가장 중요한 것은 생명활동에 의해 발생한 여분의 엔트로피를 자기의 시스템(생명체)의 외부(환경)에 버림으로써 자기의 엔트로피 수준을 복원하는 것이다. 엔트로피를 버리는 방법은 생명의 '활동과 변화'에서 발생한 여분의 엔트로피를 폐물(廢物)과 폐열(廢熱)의 형태로만 버릴 수 있는데, 이를 통해 물(物) 엔트로피와 열(熱) 엔트로피(=오염물)

를 자기 시스템 밖으로 버린다. 따라서, 생명체 속에는 엔트로피와 물질이 부족하게 된다. 그러므로, 이들의 새로운 보충이 필요하며 생명체는 환경으로부터 물과 빛 그리고 저 엔트로피의 물(物)과 열을 흡수해야 한다."

지금까지 금강하구의 생물문화적 가치와 생물문화적 접근의 필요성에 대해 이야기를 해 왔다. 금강하구의 생태, 역사, 문화적 가치는 현재 하구역에 사는 주민들만 아니라 국가-지구적으로 중요하기 때문이다. 역사적 유물에 비추어 금강하구에 처음으로 사람이 거주했을 가능성이 크고, 독특한 하구문화를 형성해 왔다. 금강하구를 통해 중국, 일본 등과 물자, 문화교류가 활발하게 이뤄지기도 하고, 동아시아 패권을 두고 치열하게 전쟁을 벌이기도 했다.

2008년 갯벌 일부가 습지보호지역으로 지정되었다가 2018년 서천갯벌 대부분이 습지보호지역으로 확대 지정됐다. 그리고 2009년 람사르 사이트에 등재가 됐고, 현재는 신안, 고창, 순천, 보성의 갯벌과 함께 유네스코 세계자연유산 등재에 힘을 쓰고 있다.

그러나 금강하구의 지속가능성 측면에서 보면 금강하구에 대한 인식과 방법에 근본적인 전환이 더 우선되어야 한다. 4대강 사업, 금강하굿둑, 북측도류제, 해상매립지, 해안가 제방 등으로 금강하구 생태계는 이미 너무 많은 스트레스를 받고 있다. 이미 감당하기 어려운 환경부하에 고통을 받고 있는 것이다. 앞서 말한 생태계의 상호의존성, 재생, 협력, 유연성, 다양성, 순환 등의 개념과 지금 금강하구의 현상에서 보면 오히려 지속불가능한 방향으로 가고 있다.

사람들은 경제성장이 지속되길 바란다. 어떤 방식의 '성장'이냐에

금강하구는 각종 개발로 몸살을 앓고 있다. 또한 수많은 이해관계가 복잡하게 얽혀 있어 해결하기도 쉽지 않다. 지속가능한 금강하구를 위해 금강하구 생태계 복원이 시급하다.

대한 논쟁은 앞으로도 계속되겠지만 지구의 자원은 유한하고, 점점 고갈되는 것은 확실하다. 그런데도 우리는 오늘만 살고, 내일은 없는 것처럼 모든 가능한 방법을 동원해 자원을 추출해 사용하고 있다.

지속가능한 지역이 되기 위해서는 자연에 대해, 그리고 자연과 우리의 삶에 대한 새로운 인식과 접근 방법이 필요하다. 우리 삶이 생태적인 문화가 아닌데 건강한 생태계를 바라는 것은 억지이고 모순이다. 사회·경제·환경적으로 조화를 이루는 지속가능한 발전이라는 전통적 패러다임도 이제는 '문화'의 한 축을 포함해야 한다.

생물문화다양성은 생물-문화-언어적으로 표현되는 모든 생명의 다양함을 이해하는 데 유효하고, 효과적이다. 그리고 우리가 자연과 인간의 관계에 대해 깊이 살필 수 있는 능력을 갖는데 중요한 수단이자 안내자가 될 것이다. 지속가능한 사회는 생물다양성이 유지되거나 복원되고, 언어는 생명력이 있고, 문화는 탄력성이 있는 사회다.

전통적으로 자연과의 적응과정에서 사용된 도구와 기술, 지역공동체의 신념, 가치관, 제도, 지식, 언어, 영성, 관행과 관습은 미개하고 사라져야 할 것이 아니라 현재 우리에게 지식과 지혜를 전달하는 요소들이며, 우리가 지속가능한 삶을 상상하고 계획하는 데 현명한 방향을 제시할 것이다. 그래서 과거로부터 전달되어 오는 지역공동체의 경험과 지식을 체계적으로 기록하고, 정리하고 보관하는 것은 매우 중요하다.

주민면담에서 보듯이 금강하굿둑이 지역의 생물문화다양성을 유지·보전하는데 큰 위협이 되는 것은 경험적으로 사실이다. 물의 순환을 단절시킨 대가를 우리는 명확하게 경험하고 있다. 많은 생물종이 사라졌고 사라져 가고 있다. 이와 함께 언어와 문화의 다양함 역시 비례하면서 감소하고 있다.

우리 앞에 던져진 수많은 문제는 상호연관되어 있다. 우리 삶이 속해 있는 사회, 경제, 환경, 문화는 서로 작용과 반작용의 과정을 거쳐 긍정과 부정의 형태로 우리 앞에 나타난다. 지속가능한 발전은 자연의 토대에 있는 우리의 삶을 인정하고, 자연과의 관계와 상호의존성에 대한 성찰을 기본적으로 요구한다. 즉, 자연과 대화하려는 의지가 필요한 것이다. 지역의 생물문화적 접근은 우리가 지역 생태계를 보전하면서 지속가능한 삶을 살아가는 데 중요한 열쇠가 될 것이다.

〔참고 문헌〕

1장

공주대학교산학협력단. 2015. 생태계서비스로서 생태교육의 유형 분류 및 평가 방법 개발.

유원수. 2009. 몽골의 언어와 문화. 소나무.

일리야 프리고진·이사벨 스텐저스. 1984. 혼돈으로부터의 질서(옮긴이: 신국조, 자유아 카데미).

이재영. 2013. 한국 환경교육의 흐름 3: 참여의 시대. 공주대학교 출판부.

프리초프 카프라. 1996. 생명의 그물(옮긴이: 김용정, 김동광, 1998, 범양사).

환경부, 2014. 제4차 지구생물다양성 전망, 생물다양성 전략계획 2011-2020 이행경과 중간평가.

Baker, Colin. 2001. Review of Tove Skutnabb-Kangas Linguistic genocide in education-or worldwide diversity and human rights? Journal of Sociolinguistics, 5:2, May 2001, 279-283.

Berkes, F. 1993. TRADITIONAL ECOLOGICAL KNOWLEDGE: CONCEPTS AND CASES. International Development Research Centre. Ottawa, Canada.

Berkes, F. 2008. Traditional ecological knowledge and resource management. Philadelphia and London, UK: Taylor and Francis.

Bernard, R. 1992. Preserving language diversity. Human Organization 51: 82 – 89.

Charles R. Menzies. 2006. Traditional Ecological Knowledge and Natural Resource Management. Nebraska Press, Lincoln Universty.

Jonathan Loh and David Harmon. 2014. Biocultural Diversity: Threatened species, endangered languages. WWF Netherlands, Zeist, The Netherlands.

Jules, N, P..et al. 2007. THE SAGE HANDBOOK OF ENVIRONMENT AND SOCIETY. SAGE, Los Angeles.

Kassam, Karim-Aly S. 2009. Biocultural Diversity and Indigenous Ways of Knowing – Human Ecology in the Arctic. Calgary Press, Alberta.

Lewis, M.P., G.F. Simons & C.D. Fennig (eds.). 2013. Ethnologue: Languages of the World, Seventeenth edition. SIL International, Dallas, Texas. Online version: http://www.ethnologue.com.

Lincoln, R, J., et al.. 1982. A Dictionary of Ecology. Cambridge University Press, New York.

Luisa Maffi and David Harmon. 2014. Biocultural Diversity Toolkit, Volume 1-Introduction to Biocultural Diversity.

Luisa Maffi and Ellen Woodley. 2010. Biocultural Diversity Conservation: A Global Sourcebook. Earthscan, Washinton DC.

Meya, W. 2006. Letter to The Financial Times. London. 11 March 2006.

Mühlhäusler, P. 1995. The interdependence of linguistic and biological diversity. In Myers, D. (ed.) The Politics of Multiculturalism in the Asia Pacific. Darwin: Northern Territory University Press, p. 160.

OECD 환경전망 2050. 2012. Biodiversity by Katia Karousakis, Mark van Oorschot (PBL), Edward Perry, Michel Jeuken (PBL), Michel Bakkenes (PBL), with contribution from Hans Meijl and Andrzej Tabeau (LEI), p167.

Persic A. and Martin G. 2007. Links between biological and cultural diversity: Report of the International Workshop organised by UNESCO, Paris.

Tang, Ruifei. 2012. AN ANALYSIS OF TRADITIONAL ECOLOGICAL KNOWLEDGE'S STATUS AND ITS CONSERVATION OPTIONS. Victoria University, Wellington.

Tove Skutnabb-Kangas, Luisa Maffi and David Harmon. 2005. 지구의 언어, 문화, 생물다양성 이해하기(옮긴이: 심숙경, 이선경, 박혜경, 2005, 유네스코한국위원회).

UNEP CBD. 1992. Convention on Biological Diversity.

UNEP. 2002. Global Environment Outlook 3.

UNEP. 2007. Global Environment Outlook 4. p548.

UNESCO. 2005. United Nations Decade of education for sustainable development 2005-2014: International implementation scheme. UNESCO, Paris.

WCED. 1987. Report of World Commission on Environment and Development: Our Common Future. Oxford University Press.

Wurm, S. A,. 2001. Atlas of the World's in Danger of Disappearing. UNESCO, Paris.

WWF(World Wildlife Fund), ZSL(Zoological Society London) and GFN(Global Footprint Network). 2010. Living Planet Report 2010: Biodiversity, Biocapacity and Development, WWF, Gland, Switzerland.

Zent, S. 2008. Methodology for developing a vitality index of traditional environmental knowledge (VITEK). CA: Terralingua, Salt Spring Island.

CBD. 1992. http://www.cbd.int/convention

UNEP. 1992. http://www.unesco.org/education/pdf/RIO_E.PDF

http://www.cld-korea.org

http://www.cabi.org

2장

이성호. 2008. "식민지 근대도시의 형성과 공간 분화: 군산시의 사례", 쌀삶문명 연구 1권, 182-201.

충청남도. 2012. 지속가능한 금강의 미래발전을 위한 금강비전.

충청남도. 2015. 해양수산발전계획.

김영식 외. 2018. "금강 하구역 인근 김 황백화 원인 분석", 한국해양환경 · 에너지학회지, 제21권 4호, 381-386.

조중곤. 2002. 1920년대 군산 · 옥구지역에 대한 일본의 토지수탈, 원광대학교 교육대학원 석사학위논문 .

김도균. 2014. "환경오염 사고의 이차적 피해와 복구과정: 장항제련소 주변 A마을을중심으로", 사회과학연구 제25권 3호, 267-295.

디지털군산문화대전 http://gunsan.grandculture.net

국가기록원 http://www.archives.go.kr

크리스티안스타드 에코뮤지엄 https://vattenriket.kristianstad.se

3장

김민영 · 김중규 공저. 2006년. 금강하구의 나루터 · 포구와 군산 · 강경지역 근대 산업의 변용. 선인 출판.

김수관 · 김민영 · 김태웅 공저. 2006년. 근대 서해안지역 수산업 연구. 선인 출판.

김수관 · 김민영 · 김태웅 · 김중규 공저. 2008년. 고군산군도 인근 서해안지역 수산업사 연구. 선인 출판.

유근배 · 김성환 · 신영호 공저. 2007년. 하구둑 건설 이후의 지형 변화. 서울대학교출판부.

조홍연. 2011년. 자연속 야누스, 하구. 지성사 출판.

함한희 엮음. 2013년. 새만금사업과 어민들. 아르케 출판.

패트릭 맥컬리. 2001년. 소리 잃은 강(강호정 외 9인 옮김). 지식공작사 출판.

샌드라 포스텔 · 브라이언 릭터. 2009년. 생명의 강(최동진 옮김) 뿌리와 이파리 출판.

4장

국립민속박물관, 2010. 충남의 민속과 문화. 디자인문화.

국립생물자원관. (2009~2015). 겨울철 조류 동시 센서스.

국립생물자원관. (2011~2014). 철새 이동경로 및 도래실태 연구.

국립수산과학원. 2006. 황복 양식 매뉴얼. 국립수산과학원 서해수산연구소.

권영근. 2008. 지역순환형사회를 꿈꾸며: Entropy & Association, 흙내.

김려. 2007. 전어지(역자: 김명년, 한국어촌어항협회).

김익수. 2013. 그 강에는 물고기가 산다. 다른세상.

김치홍 외. 2012. 금강수계 참게(Eriocheir sinensis)의 이동과 산란. 환경생물 30(1), 한국환경생물학회지.

대산지방해양항만청. (2009~2014). 해양보호구역 시민모니터링 보고서.

서유구. 佃漁志. (역자: 김명년, 한국어촌어항협회).

손택수. 2006. 바다를 품은 책 자산어보. 아이세움.

유승광. 1997. 서천, 서천사람들. 분지출판사.

이도원, 박수진, 윤홍기, 최원석. 2012. 전통생태와 풍수지리. 지오북.

이태원. 2002. 현산어보를 찾아서. 청어람미디어.

정약전. 玆山魚譜. (역자: 정문기, 지식산업사).

주강현. 2006. 돌살. 들녘.

최헌섭·박태성. 2017. 최초의 물고기 이야기. 지엔유

푸른서천21추진협의회. 2010. 신성리 갈대밭 체험프로그램 결과보고서.

프리초프 카프라. 1996. 생명의 그물(옮긴이: 김용정, 김동광, 1998, 범양사).

황학빈. 2009. 금강과 만경강 하구에서 채집된 뱀장어 Anguilla japonica의 성비, 연령, 성장과 서식처 유형. 충남대학교 해양학과 대학원 박사학위논문.

해양수산부. 2015. 연안습지 물새류 보전 관리연구.

http://ecotopia.hani.co.kr/

http://www.nifs.go.kr

감사의 글

글을 쓰는 과정에서 많은 조언을 해 주신 이재영 교수님, 삽화를 그린 임동범 화백님, 몇 번의 면담에도 흔쾌히 응해 주신 나홍열, 유승광 박사님, 많은 시간 면담 조사를 함께 해 준 강선화, 조인경 님께 감사의 말씀을 드립니다. -김억수

이 책 발간의 계기가 된 연구가 진행되도록 지원해 준 명지대학교 이창희 교수, 박금주 박사, 문슬기 연구원, 충남연구원의 장하라 연구원, 천서이 연구원께 감사드립니다. 또한 이 책을 출판하도록 비용을 지원해 준 충남연구원 윤황 원장님과 행정 지원을 기꺼이 담당해 준 이유나, 이민우 선생께도 감사의 마음을 드립니다. -여형범

주민 구술조사와 분석, 글을 쓰는 동안 많은 자문을 해 주신 함한희 전북대학교 무형유산정보연구소 소장님과 녹음한 내용을 글로 옮기는 작업을 함께해 준 전북대학교 고고문화인류학과 학생들에게 감사의 마음을 드립니다. -주용기

* 공동 저자들은 2015년 명지대학교(총괄 연구기관)와 충남연구원(1~2차년도 참여 연구기관)이 진행하던 '금강하구역 종합관리시스템 개발 연구'(발주처는 해양수산부와 한국해양과학기술진흥원)에서 일부 비용을 지원받아 '금강하구역의 사회·경제 현황과 생물문화다양성 조사'를 진행하였고, 그 결과를 2019년 최종 보고서에 담았다. 이 보고서의 내용을 축약하고 보고서에 담지 못했던 내용을 추가로 보완, 수정하여 이 책을 발간하게 되었다.

김억수

충남대 생화학과를 졸업하고, 공주대에서 석사학위를 받았다. 젊은 시절부터 환경운동에 몸 담아 왔다. 현재는 사단법인 서천생태문화학교 상임이사로 일하고 있다. 생태와 문화는 한 몸이라는 철학으로 생태와 문화의 관계를 연구하고 있다.

여형범

충남연구원 공간환경연구실 연구위원이다. 서울대학교 분자생물학과를 졸업하고 서울대학교 환경대학원에서 환경정책학, 정치생태학을 공부했다. 대학원에서는 지역에너지체계의 경제성 분석을 주제로 석사 학위를, 통합물관리 정책과 하천거버넌스를 주제로 박사 학위를 받았다. 현재 충남연구원에서 환경정책과 에너지정책 분야를 담당하면서 에너지전환, 생태계서비스, 에코뮤지엄, 시민과학 프로그램을 실험하고 적용할 방안을 연구하고 있다.

주용기

전북대학교 공과대학에서 석사학위를 받았다. 현재 전북대학교 무형유산정보연구소 전임연구원과 본인이 만든 생태문화연구소의 소장을 맡고 있다. 날아다니는 새와 이들의 서식지 조사를 통해 보전 대책 및 현명한 이용 방안을 제시하고, 인류학적인 방식의 마을조사를 통해 마을지 발간과 함께 전통생태지식을 기록화 하고 있다. 이를 통해 생태 보전과 지역 주민이 공존하는 지속가능한 사회를 만드는 데 관심을 갖고 활동하고 있다.

충남연구원 현장 총서 005

생물문화다양성과 전통생태지식: 금강하구의 생물문화적 접근

1판 1쇄 펴낸날 2020년 7월 20일

지은이 김억수 여형범 주용기
그린이 임동범
펴낸이 장은성
만든이 김수진
인　쇄 대덕인쇄

출판등록일 2001.5.29(제10-2156호)
주소 (350-811) 충남 홍성군 홍동면 광금남로 658-7
전화 041-631-3914
전송 041-631-3924
전자우편 network7@naver.com
누리집 cafe.naver.com/gmulko

ISBN 979-11-88375-22-6 03300 값 15,000원